美丽
乡愁

江西历史名村文化档案

乡风民俗

XIANGFENG MINSU

姚亚平 ◎ 主　　编
张天清 ◎ 执行主编
游欢孙 ◎ 编　　撰

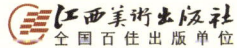

江西美术出版社
全国百佳出版单位

《美丽乡愁——江西历史名村文化档案》丛书编委会成员名单

编委会主任：姚亚平

编委会副主任：张天清　吴永明　傅伟中

编委会成员：肖永阳　李　曜　杨宇军　汤　华　魏　林　万建明　方　姝

学术顾问：梁洪生

编委会办公室主任：张天清

编委会办公室成员：肖永阳　李　曜　黎　峰　王　菁　卢　俊　方　姝

江西省社会科学规划课题重点项目：
美丽乡愁——江西历史名村文化档案研究（16WTZD01）

江西省社会科学规划课题一般项目：
江西历史文化名村名镇乡风民俗研究（16WTYB03）

出版前言

在中国乃至世界的坐标系上，江西灵动的自然生态之美，厚重的历史人文之美，蓬勃的发展活力之美，令人瞩目。在地理上，江西河流众多，山林葱茏，农耕遍地，风景独好；在文化上，江西素称文章节义之邦，人文蔚起，诗书传家。在千年的历史积淀中，赣鄱大地上形成了一大批开基久远、傍水依山、风景秀美、宗祠众多、人文气息浓郁的传统村落。截至2017年底，江西共有国家级历史文化名镇名村33个、中国传统村落175个，省级历史文化名镇名村83个、省级传统村落248个。它们就像一个个揭秘江西的文化符号，分布在赣鄱大地，堪称国宝，弥足珍贵。

为了挖掘和传承优秀传统文化，培育和弘扬社会主义核心价值观，在江西省委宣传部、江西省文明办的直接推动和大力支持下，我们策划了《美丽乡愁——江西历史名村文化档案》系列丛书，分为《山水家园》《古宅老屋》《古建情怀》《乡风民俗》四册，从不同角度形象直观地描述江西古村落实景实物所承载的发展故事和人文内涵，呈现赣鄱大地浓浓的乡土情、中国风、书卷气。该套丛书亦是江西省委宣传部、江西省文明办、江西省社科联、江西出版集团贯彻落实党的十九大精神、推动实施乡村振兴战略、加强农村精神文明建设的一项具体行动。

《美丽乡愁——江西历史名村文化档案》系列丛书的编纂与出版，是建设美丽中国"江西样板"的文化行动。习近平总书记2016年在江西考察时强调，绿色生态是江西最大财富、最大优势、最大品牌，一定要保护好，做好治山理水、显山露水的文章，走出一条经济发展和生态文明水平提高相辅相成、相得益彰的路子，打造美丽中国"江西样板"。赣鄱之美，美在红色摇篮、绿色家园、古色厚土，美在历史悠久、风光瑰丽、人杰地灵，美在传承几千年来深藏在乡村风貌、家风祖训、传统美德和家国情怀之中的赣鄱文化基因和民族精神。丛书让人看到美丽江西、感受乡愁而怦然心动，增加了读者对美丽中国、锦秀江西、可爱家园的自豪感、凝聚力、责任心和认识感。

系列丛书是江西省村史馆建设的全景图。丛书在内容选取和体例编写上，以江西省村史馆建设为基础，从中精选了47个历史文化名村详细撰写，并附上2012年以来江西省委宣传部、江西省文明办资助建设的110个江西省村史馆名单。江西省村史馆建设以文化名镇、名村和传统文化村落为重点，以保护传承、修复建设和发扬光大为首要任务，通过图文资料、实物展陈、视频影像、沙盘展示等形式，生动地展示乡村传统文化、村风民俗、红色历史，将抽象的道理、生硬的说教转化为群众喜闻乐见、易于接受的图片实物、生动事例，成为人文历史的宣传阵地、文化遗产的传承基地、民俗风情的展示场地，打造成为群众记住乡愁、凝心励志的"精神家园"。

系列丛书是江西历史文化名村的档案库。丛书通过梳理全景照、实物图片、平面图等基本信息，尽可能反映村落基本面貌、村落格局，体现建筑、交通、环境之间的关系以及名人、民俗、非遗与村落的关系。着重理清古村发展脉络，对重要史料信息、文物信息等进行搜集整理，对大量碎片化的资料去粗取精、去伪存真，对基本的数据进一步核实，深入阐述村落的成因、历史演变，进一步挖掘整理保护宣传乡村历史文化资源，凝练和传承优秀传统文化。通过图文，介绍历史文化名村的重点细节、重点形态，以图说话、睹物思人、目击道存。图片与照片力求真实而精美，行文接地气而娓娓道来，讲好中国故事，讲好江西故事，讲好古村故事，展示古村形象，是历史存照，更是文化档案。

该丛书研究列入江西省社会科学规划课题重点项目，自2016年始至今近两年时间，从组织实施到编写撰稿等都经过反复研讨，精心论证，精心打磨，既有山川田野的调研工作，又有埋头苦干的文案工作。

该出版项目在实施过程中，得到了江西省委宣传部、江西省文明办等各级领导的大力支持，时任省委常委、省委宣传部部长姚亚平亲自策划并审定全书，江西省文明办主任张天清具体组织协调项目的实施并审看全书。在丛书配图方面，江西省各级文明办以及江西画报社提供了大量的图片支持。在书稿撰写过程中，梁洪生教授以及其他专家提供了学术上的指导。各册作者在书稿撰写过程中，精心构织框架，广泛搜集资料，倾情进行写作，为套书的顺利出版付出了巨大的心力。在丛书出版过程中，江西美术出版社汤华社长、魏林副社长和方姝、朱倩文、姚屹雯等责任编辑对丛书的编辑、修改付出了辛勤的劳动。

在此，我们谨向所有支持、帮助过这套丛书出版的领导、专家、学者致以衷心的感谢！丛书的出版，是江西历史文化资源保护和利用的延续，也是江西省村史馆研究工作的新起航。

丛书编委会
2018年1月

目录 CONTENTS

| 001 | 第一章 家国故事——族谱与家乘 |

- 004　科甲故族　文献世家·乐安县流坑村
- 011　蟾宫攀桂　传胪魁榜·泰和县蜀江村
- 016　理学重地　红色省会·横峰县葛源镇
- 023　纸业大镇　革命热土·铅山县石塘镇
- 030　上点之地　商帮故里·丰城市白马寨村
- 037　龙木渊薮　围屋之乡·龙南县关西村

| 043 | 第二章 传世有方——家训与族规 |

- 046　遵圣训　崇礼教·乐安县流坑村
- 053　笃忠贞　崇礼义·婺源县汪口村
- 059　崇文重教　济家报国·南昌市新建区汪山村
- 063　力田勤书　耕读并重·都昌县鹤舍村
- 067　孝悌忠信　循之者吉·婺源县理坑村
- 072　忠孝友敬　睦隆厚正·吉水县桥上村

| 075 | 第三章　敬天畏地——祭祖与敬神 |

078	报功彰义　出傩玩喜·乐安县流坑村
090	七祠立村　福主东平·瑞金市密溪村
095	心存敬畏　行有所止·婺源县汪口村
100	尊祖敬贤　积善成德·赣州市赣县区白鹭村
106	族拜请神　差龙畲堆·高安市贾家村
110	清明如年　敬神如在·婺源县理坑村

| 113 | 第四章　岁时节庆——庄严与乐趣 |

116	喊船祈福·吉安市青原区陂下村
123	崇社团年·安义县罗田村
129	烧塔闹灯·永新县樟枧村
133	上梁文　起嫁歌·乐平市涌山村
141	迎故事　唱山歌·寻乌县圳下村
146	抢打轿　东河戏·赣州市赣县区白鹭村

| 150 | 附　录 |

| 150 | 江西省级援建村史馆名单 |
| 151 | 江西省村史馆建设分布图 |

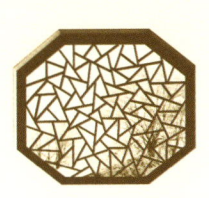

第一章
家国故事
—— 族谱与家乘

自北宋欧阳修与苏洵编撰族谱，开创近世族谱范例之后，江西一直是中国编修族谱最为普遍、最为频繁的核心区域之一。宋代以后，江西民间极为重视族谱的编撰与保存，一族一房，以无谱为耻为憾，时间久远不能续谱，则深以为忧为惧。族谱修撰完毕，要举行隆重的"出谱""抢谱""游谱"仪式；正月、清明或冬至，要及时"添丁上谱"；六月初六天晴之时，要将家中珍藏的族谱从谱箱中拿出来清理除霉，名曰"晒谱"。族谱中对一家一族繁衍生息发展的详细记载，有助于人们深入了解不同时代国家制度的推行与地方社会的走向。从家族到地方，从地方到国家，一个个家国故事由此展现在众人的面前。

科甲故族 文献世家

乐安县 流坑村

江西省国家级历史文化名村
中国传统村落

    元代至顺（1330—1333）年间，江西乐安县云盖乡董氏续修族谱，大儒吴澄为之作序，序文说道：

    唐改临川郡为抚州，疆域之广，亚于洪、吉、赣，而文物声名，甲于大江以南之西。宋三百年间，一家一族儒宦之盛，乐、曾、王、蔡、晏五姓为首称。爵位之崇，王、曾、晏最，乐、蔡次之。科名之稠，曾、蔡、晏最，王、乐次之。乐安云盖乡之董，计其科名，多于曾、蔡与晏；校其爵位，亦在乐、蔡之上。而论者不以拟于抚之五姓，何也？盖宋南渡以前，董极盛之时，犹隶于吉。绍兴中年，抚增置乐安一县，始割吉之云盖乡隶抚，由是董氏乃为抚之属民。今董之隶抚也久矣，则尚论抚之世族，其可遗董氏乎？

    吴澄指出，北宋、南宋两朝三百年，论科举名声之盛，为官爵位之隆，在抚州境内以乐史、曾巩、王安石、蔡承禧、晏殊五人所代表的乐、曾、王、蔡、晏五大家族最为著名。而乐安县云盖乡的董氏，也是一个可以与这五大家族相媲美的儒宦之族。但世人却不把董氏与这五大家族相比拟，原因是北宋董氏最为兴盛之时，云盖乡还隶属于吉州（今吉安市）的永丰县，一直到南宋绍兴十八年（1148）朝廷割吉州永丰县云盖乡与抚州崇仁县天授、乐安、忠义三乡设立乐安县，董氏才最终成为抚州属民。

    乐安县云盖乡董氏，即是今天乐安县的流坑村董氏。流坑村位于江西

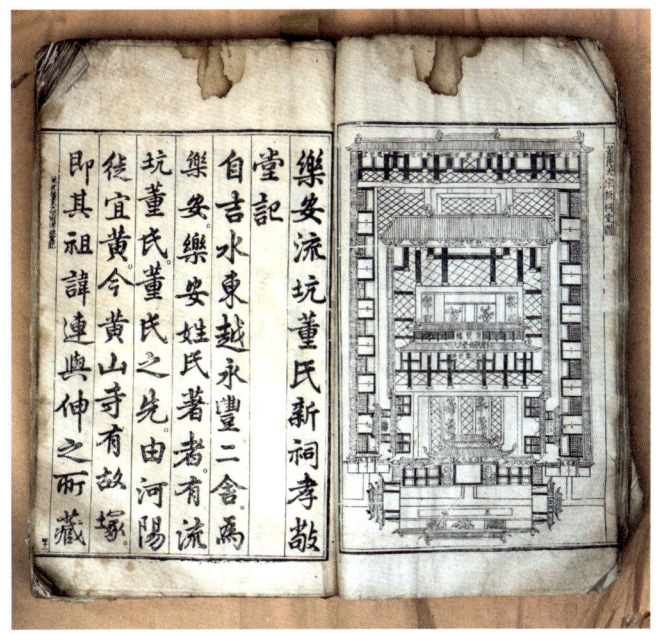

元代至顺癸酉年（1333）
吴澄《董氏族谱序》

省抚州市乐安县西南牛田镇乌江之畔，乌江下游即恩江，经永丰、吉水二县注入赣江。乌江、恩江同源共脉，流坑虽然在南宋之初即割属抚州乐安，但却始终与永丰、吉州保持着密切的经济与文化联系。吉、抚二州山水的千年滋养，以及庐陵、临川两地文化的千年浸润，最终造就了流坑这个"千古一村"。

2001年，流坑村被国务院列为全国重点文物保护单位。今天，当人们漫步于流坑村内，依然可以看到二百七十余处的明清古建筑，其中牌坊楼阁二十六座，祠堂五十多座。登堂入室之后，映入眼帘的则是各种匾额楹联、泥塑砖雕、木刻绘画，琳琅满目，美不胜收。而流坑村内至今保存下来的族谱、房谱，上起万历十年（1582），下迄民国二十七年（1938），竟然有二十多个版本，不但为江西仅见，全国恐怕也是唯一。这些为数众多的族谱，详细记述了宋代以来流坑董氏家族发展演变的历史故事。

据万历《流坑董氏重修族谱》记载，唐德宗宰相董清然"值李氏乱，避居临川之扩源"。董清然之孙董合一家迁居流坑，是为流坑董氏的一世开基祖。董合有二子，长名董桢，次曰董耽，董桢又生有四子：文广、文

  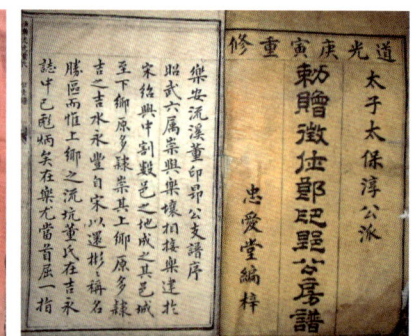

明代万历十年　　　　　清代光绪十六年流坑董氏《双桂房谱》　　清代道光十年流坑董氏《胤昂房谱》
《抚乐流坑董氏族谱》

肇、文晃、文亨。当时北宋重文轻武，大开科举，广取文士，而北宋仁宗庆历（1041—1048）兴学以前，士人受教，多倚靠家塾私校，从而为那些富于资财而又重视子弟教育的家族的崛起，提供了一个很好的历史契机。正是在这样一种历史背景之下，董桢的长子董文广大散家财，"多营书史，大启黉舍，招延学徒"，"士自远方多归之"，从而揭开了北宋一朝流坑董氏科甲连绵的序幕。

宋真宗大中祥符七年（1014），董文广长弟文肇的四个儿子滋、湘、渊、淳全部中举，次年董淳进士及第，成为流坑董氏登进士第一人。仁宗明道二年（1033），董文晃长子董淇及淇子师德，次子董洙之子师道，以及董淳之子董俦、董渊之子董仪、董汀之子董僎，文亨之子董汀，叔侄兄弟七人同时中举，次年，董洙、董汀、董仪、董师德、董师道五子联科，同中进士，时号"五桂"，一时士林传为佳话。从宋初至乐安建县（1148年以前），流坑董氏进士21名，举人47人。南宋乐安建县以后，董氏科举虽不如北宋那么突出，但也出了5个进士，24个举人。科举昌盛，使流坑董氏在两宋300年间仕宦如云，最终发展成为一个闻名天下的世家大族，古人有云："江以右称文献世家，必以乐安董氏为最。"

1276年，元军兵下南宋京师临安（今杭州），当时江南义军蜂起，流坑董氏也参与了"起义勤王"，之后遭到元军残酷杀掠。之后的十余年间，流坑又为"山寇劫掠"，董氏族人四散流徙。元代末年，各地农民起义不断，至正十六年（1356）春，流坑被本县夏普所率的武装攻破，董氏少壮四散奔逃，老弱毙命者无数。之后董氏族人再次"散之四方，游离颠沛"，流坑一片废墟。一直到至正二十五年（1365）朱元璋平定江西之后，董氏才陆续返回家园。

明代成化二十年（1484），流坑董时望再中进士，却也成为整个明代流坑唯一的一个进士，这样的科甲成绩，自然无法与两宋相比。然而，明代特别是明代后期的嘉靖时代，却是流坑董氏家族组织发展最为关键的时期。这其中，董燧的作用居功至伟。

董燧，字蓉山，嘉靖十年（1531）辛卯科举人，历任湖北枝江知县、福建建阳府同知、南京刑部郎中。他是明代后期流坑村所出的唯一高官，并有能吏之名，颇受时人的赏识。

嘉靖四十一年（1562），董燧返乡不久，即邀集族内士绅与族人重建之前被闽广钟凌秀农民军焚毁的大宗祠，又参照新安名人汪道昆所撰的《汪氏族规》，为大宗祠立董氏族规十四条，以家族私法的形式，将传统的礼法与伦理加以确定，以约束族众，成为此后数百年间流坑董氏族人最主要的行为规范。董燧又与族长、宗子以及董氏官宦儒生，在家族内部推举设立族正、族副，以专门监督族规的施行。董燧还积极编撰刊刻了新的董氏大宗谱，并为该谱制定了新的体例，新增了名位、乡贤、隐逸、遗英、方术、贞节等表，对董氏历代先贤予以记述褒扬。

董燧还对流坑村落的主体空间做了重新的规划与建设，将流坑村按一纵、七横开辟出八条巷子，沿巷建设住宅，巷口均有小楼，多嵌匾额楹联，下通出入，上置公产，战时即为守望碉楼，全村大致按宗支房派居住，从而形成规整有序的村落居住格局。又在村西开沟渠，由南而北，绵延如龙，名曰龙湖，从此流坑四面环水，村庄更添一股灵气。经过董燧的改造，流坑村落布局井然有序，环境卫生与防御能力均有大的提高。正是董燧及董氏族内贤达的苦心经营，明代的嘉靖、万历年间，成为流坑历史上宗族组织最有章法、最为强固的时期。

董燧对流坑历史的另一个重大影响，是他在流坑大力提倡心学。董燧曾师从欧阳德、王艮，后又问学于陈九川（明水）、邹守益、罗洪先、聂豹等阳明心学巨擘，最后成为江右王门的一位名士。董燧返乡后更把提倡心学作为宗族整治和余生事业的重要部分，他设席授学、族会宣讲，多方

流坑村古巷道

组织与参加各种心学会讲活动，不仅为流坑造就了一批心学之士，也使流坑与一大批历史名人结下了不解之缘。因董燧的关系，许多心学大师都曾到过流坑，邹守益、欧阳德、罗洪生、罗汝芳、王畿、陈九川、吴与弼等名流还曾先后为董氏族谱、宗祠、书院等撰写序言、记文，不仅提高了董氏家族的社会声望，也成为流坑深厚的儒学文化氛围和家族凝聚力、感召力的重要资源，更为今日的流坑村留下了珍贵的历史遗产。可以说，明代中后期的流坑科举成绩未见大的进步，但董氏族人的文化素质与心气境界，却因此达到了传统时代的一个巅峰。

进入清代，近三百年间，流坑未出一名进士，举人也只有两个，董氏的科举仕宦终究是江河日下，不能再现宋代的辉煌。然而，流坑的社会经济，特别是明代后期逐渐兴起的山区竹木贸易，则在清代前期进入了黄金时代。当时流坑全村富有的木商约有数十人，个人资本可达上千两，全村从事竹木运输的排工则有数百人之多。流坑董氏自乌江上游的金竹、招携贩下竹木，由排工运至赣江沿岸的樟树、南昌、吴城等地销售，远者甚至可达长江下游的南京、扬州、常州。宽阔的乌江江面之上，百排争流，一片繁忙景象。流坑进入了一个商业与商人主导的时代。

流坑商人货殖发家之后，首先要做的便是盖造宅宇，买山置田。在此基础上，清代的流坑商人普遍走上一条捐纳的道路，他们通过向官府捐纳钱财，换得儒林郎、登仕郎、奉政大夫等散秩，或是同知、千总之类的官职，或是监生、贡生的身份，瞬间又由普通的商贾变成了士绅和官宦。他们还大量捐献钱土，用于修撰族谱、修建兴复宗祠和扩大家族产业，积极参与家族建设，从而获取家族乃至地方社会上的声望，逐渐成为流坑社会生活中的主角和核心人物。一部清代流坑村史，很大程度上就是一部流坑商业商人史。

辛亥革命，满清覆亡。民国初年的流坑村，有的是前清的贡生与秀才，多了的是一些知事、议员、高才生的新名号，宗族组织依然是流坑社会的主宰，乌江上的排筏，依旧源源不断地运送着山区的竹木纸张，流坑村民并未感知到太多的共和气息。

1926年，北洋军阀孙传芳属下的邢玉堂部在丰城一带被北伐军战败，残部窜至乐安县牛田一带烧杀抢掠，流坑村亦遭洗劫，矗立了近四百年的董氏大宗祠，就是在1927年8月被这股残兵焚毁。大宗祠是流坑董氏宗族的象征，被焚毁后，受社会形势与宗族财力的制约，一直未能重修。现存的董氏大宗祠，只保留了原先的文馆，在大宗祠基址的后半部，唯有六根直径70厘米，高达8米的花岗岩圆柱静静地伫立，直指苍穹，仿佛在诉说着流坑董氏往日的辉煌，令人唏嘘感叹。

1928年后，乐安县大部分地区陆续成为中央苏区的组成部分，毛泽东、朱德、周恩来、彭德怀、邓小平等人都曾到过乐安指挥作战或指导工作。此时的流坑由于地处

董氏大宗祠遗址

交通要道，屋宇众多，也多次成为中央红军的驻扎地。经过残酷的战争，20世纪30年代的流坑社会与经济均趋衰落，发展停滞，人口锐减，宗族组织也日渐衰弛。流坑村内的卫生、治安等公益事业日渐荒废，长幼之序、孝悌之道日渐淡薄，族祠房祠、书院私塾逐渐残败，流坑村往昔的荣耀逐渐褪色，最终衰变为一个普通的小乡村。

抗日战争期间，流坑虽然僻处山区，未遭日寇直接践踏，但随着大片国土特别是长江中下游地区，以及吴城、南昌、丰城等地的先后沦陷，流坑的竹木贸易命脉被切断，历史上极为发达的宗族组织也更加涣散。1949年7月，中国人民解放军二野第四兵团一部解放乐安，从此，历尽沧海桑田的流坑村，终于翻开了新的历史篇章。

蟾宫攀桂 传胪魁榜

泰和县 蜀江村

江西省省级历史文化名村
中国传统村落

"正嘉以来三百载，登庭怀训礼与诗，半壁金花春宴罢，满床牙笏早朝归。""春涌夏耕秋礼冬书，四时周孔；仁人义士忠臣孝子，一家唐虞。""历朝科第元魁，立言、立功、立德，累世馆阁部台，予赠、予谥、予祠。"蜀江村欧阳氏祖祠"复享堂"中的一副副楹联，形象地说明了蜀江欧阳氏科甲蝉联、官宦辈出的辉煌历史。

蜀江村，地处江西省吉安市泰和县西南的马市镇，距泰和县城13公里。2016年，蜀江村被农业部列为2016年中国最美休闲乡村。据《蜀江欧阳氏族谱》记载，南宋建炎年间（1127—1130），欧阳祖德从万安常溪顺赣江而下，择基蜀江，是为蜀江欧阳氏始祖。自欧阳祖德开基蜀江后，欧

蜀江村

阳氏秉持诗书家风，崇文重教，着力培养族中子弟在科场博取功名。从明永乐二年（1404）欧阳永俊第一个登科进士至今，蜀江欧阳氏一族人才辈出，明清时期登科进士21人，举人28人，贡生、征荐159人，拔贡2人，国学生38人，邑庠生15人。官居尚书、翰林院大学士、庶吉士、侍讲、左侍郎、员外郎、左布政、副使、观政、鸿胪寺卿、推官、国子助教、国子学录、南京光禄署正、大尹、知府、教授、教谕、知县、参议局参议员等190多人，其中更出现"兄弟五经科第""兄弟朝天八龙""兄弟尚书""父子进士""三世宪台"的盛况。

蜀江欧阳氏辉煌的科举成绩，与吉安（庐陵）自古以来崇文重教之风有紧密关系。"团箕晒谷，教崽读书"；"砸锅卖铁，让儿上学"，这是吉安地区的老百姓普遍信奉的思想。哪怕再穷再苦，也要培育后人，让子女读书。因此，吉安地区历史上科举兴盛，出了进士三千，蜀江一个古村出了21名进士，就是其中光辉灿烂的一页。吉安地区的历史文化名村有一个共同现象，那就是都有书院或书舍遗存，少则两三个，多则六七个。蜀江古村人把读书视为修身之宝，进身之阶，立家之本。欧阳氏家族特别重学，建书院，请名师，蔚然成风，代代传承。

为造就人才，蜀江村中建有"读书楼"，并置"进士鼓"。据《蜀江欧阳氏族谱》记载，每年正月十八日举行季考传集，宗人先期各携考具，至书屋报名，听候考试，并请宗匠细加品评。春秋二季，文会之期，老师率诸弟子登堂，命题作文，如同考试。此时家族长辈见诸生文会，均欣欣然有喜色，"或于上午具点，或于晚间具膳，无问贫富，类相尚也"。至冬季之末，诸生之父兄又"具酒至祠，聚首一庭，饮酒笑谈，多是鼓舞发达之词"。

所谓"鼓舞发达之词"，自然是鼓励家族子弟励志向上，金榜题名，欧阳氏族谱当中载有《读书楼读书歌》一首，里面说道：

春读书，春风吹入余阳庐，石渡全添新水上，矶头流去桃花浪；燕初来，梁上猜，若个书楼若个才。

夏读书，夏日炎炎孔孟居，疏帘卷叠远山翠，薰风吹人人如醉；荷花香，竹簟凉，元龙高卧侣羲皇。

秋读书，秋月皎洁吐蟾蜍，玉绳横亘牛郎渚，琼楼交舞霓裳羽；竹籁东，梧下风，尧夫吟咏栗里同。

冬读书，冬暖檐前梅已舒，孙氏案头卷不释，程公门首雪盈尺；月穷编，星回天，岁寒始知松柏坚。

朝读书，朝阳冉冉上东榆，旦气初来觉荡漾，频翻卷帙渐明亮；凤凰鸣，梧桐生，世际唐虞思拜赓。

昼读书，昼长昼短总无拘，日丽窗明晴可爱，雨飞檐溜阴无碍；叹如梭，莫蹉跎，禹惜寸阴意若何。

夕读书，夕照斜窥西岭隅，云霞偏助文思起，星斗更含胸境里；心日休，自优游，经纶直向古人求。

夜读书，夜静更深好踌躇，日来所事作何状，志气凌云当自抗；待旦明，要心清，无忘差错误生平。

一年四季，春夏秋冬，一日之时，朝昼夕夜。一首《读书歌》，弘扬的是"叹如梭，莫蹉跎"的苦读精神，述说的是腹有经纶，报效国家的壮志豪情。

族谱还记载，读书楼建成之后，又于楼中置"进士鼓"，欧阳家族子弟如"遇登科第，辄击以树帜并迎喜"，其祝鼓之词有曰：

一祝鼓，快听取，既读圣贤书，先要循规矩，簧宫初发声，正学以为主，秀才便须任经济，万选万中词华吐。

二祝鼓，快夺武，蟾宫攀丹桂，榜上标龙虎，饮尔鹿鸣宴，待尔作霖雨，努力来春对殿墀，泥金报捷荣宗祖。

三祝鼓，快期许，传胪魁金榜，洪名震天府，翰苑知制诰，好把功勋竖，调羹补衮济苍生，铭钟勒鼎称贤辅。

《读书歌》《祝鼓词》无疑为鼓励欧阳氏族人发奋读书，努力上进，期许"传胪魁金榜，洪名震天府"，成就蜀江欧阳氏的科举辉煌起到了重要作用。

蜀江欧阳家族重文重教，人才辈出，其中最著名的就是明代礼部尚书、太子少保，著名的理学家欧阳德。

明初，程朱理学有着至尊地位，然而，在确定了至高无上地位的同时，也逐步陷于难以继续发展的境地。明中期以后，随着新的经济因素的出现和时局的变化，思想学术界的志士探寻着广大传统理学的路子，于是有了以浙江余姚人王阳明为代表的"心学"的兴起。心学旗手王阳明与江西结下了不解之缘，他先后在南昌、赣州、庐陵任职，历时近五年，正是他的心学理论孕育并成熟的时期。王阳明在江西开展了一系列的学术活动，有一大批弟子，称为"江右王门"。所以黄宗羲说："姚江之学，惟江右为得其传"，"阳明之道，赖江右而得以不坠"。

王阳明心学理论中的不少重要观点，是在庐陵任职时阐述的。一大批庐陵英才追随他，《明儒学案》记录了江右王门30多人，而属庐陵的就有20人之多，其中安福就有12人。他最得意的几位门生，弘扬传播王学的代表人物，就是庐陵人。而蜀江英才欧阳德就是他的高足之一，另几位是安福的邹守益、吉水的罗洪先、永丰的聂豹。

欧阳德（1496—1554），字崇一，号"南野"。欧阳德是公认的江右王学嫡传之一，在发明师旨、卫护师说方面功不可没。欧阳德幼年力学，明正德十一年（1516）举乡试，不久即往赣州师从王阳明。从此，以讲授王学为己任。欧阳德与邹守益在江右王门中以信守师说著称，当一些学者视王学"致良知"说为禅学时，他奋起护卫，宣称"致良知"说为"正学"。欧阳德居家以讲学为事，日与邹守益、聂豹、罗洪先等讲论，从学者甚众，"而称南野门人者半天下"。

嘉靖二年（1523），欧阳德中进士，初任六安州知府，创建龙津书院，聚生徒讲学。不久，升刑部员外郎。嘉靖六年，以文学选拔为翰林院编修，

进士匾

寻改国子监司业，建讲亭，同诸生及各地来的学者在其中研究学问。后改任南京尚宝卿、太仆少卿、南京鸿胪卿，集四方名士讲学于灵济宫，赴者五千人。欧阳德认为，对事物的见识（即知识）并不是良知，但是没有知识，就谈不上产生良知。良知是通过对事物的识见得来的。强调格物是致知的基础，离开客观事物，就无知可获。这一"离事物则无知可致"的学说，将阳明思想传播导向务实的一面，是对王学的深化和升华。

欧阳德为人诚恳，为政清廉，为人敢于"谠言正论。"不避权贵，临危不惧。乡里和他所治之州府，为他立祠塑像纪念，卒后赠太子少保，谥"文庄"。欧阳德一生致力于理学研究，广设义学，著有《南野集》三十卷、《南野文选》四卷等。

"盛德大业规模远，三复堂前意俱迟"，一声声读书歌，一通通进士鼓，当年蜀江的诗书盛况似乎还历历在目。昂首屹立的探花、解元碑，巍巍高悬的进士匾额，无一不向我们诉说着蜀江欧阳氏这一地方文化望族的科甲辉煌，而"团箕晒谷，教崽读书"的民谣，至今仍在蜀江广为传颂。

理学重地 红色省会

横峰县 葛源镇

江西省国家级历史文化名镇
江西省省级历史文化名镇
江西省省级传统村落

"葛源烟火三千户，闷闷醇醇风俗古，大姓周刘复有杨，好善之人难悉数。"这是光绪二十五年（1899）葛源镇舒溪街双桂堂杨氏续修族谱时，族人杨立三所撰《望火楼纪事》中的一段文字，既道出了葛源镇的人烟繁盛，也点明了葛源镇地方大族周刘杨三姓的社会地位。

葛源是一个典型的山区大盆地，方圆二十多里，山清水秀，气候怡人。盆地中心葛溪蜿蜒而过，两岸人烟密集。葛源镇即坐落于此，周围有枫树坞、黄山、考坑、清湖等数十个依山而立的大小村庄。传统地方文献当中所说的"葛源三千烟"，指的就是包括葛源镇和周围村庄在内的三千余户人家。

"大姓周刘复有杨"中的周、刘、杨三姓，以及后来更晚进入葛源地方的王氏家族，就是现今葛源镇地方百姓耳熟能详的"周刘杨王"四大家族。这其中，又以"白石刘氏"最为著名。据《白石刘氏宗谱》记载，葛源镇刘氏历代先祖之中，有两人最为杰出，一为"白石先生"刘养浩，以学术著；一为"泉山先生"刘自谦，以事功显。其中白石先生刘养浩，是葛源刘氏始迁祖"东白先生"的次子，"生而颖异"，后来跟随父亲宦居京师临安（今杭州市），进入太学读书。后来，刘养浩觉得科举考试并非读书治学的终极目的，于是前往福建，追随大理学家黄干问学。第二年，刘养浩回家乡葛源奔父之丧，之后便不再复出，而在葛源的一处偏僻场所建立了一座精舍，读书治学于其中，并广招门徒，阐扬道学，教化乡里。刘养浩去世后，乡里土人感恩戴德，尊称他为"白石先生"。

"泉山先生"刘自谦是葛源刘氏另一个重要人物,他曾先后在南雄、琼州各地游宦,充任过各种不同的官吏角色,并担任过元代初年的海漕官员,后来又在海南任上参与镇压当地的盗乱。刘自谦自海南归乡之后,随即以祖父"白石先生"刘养浩的名号创办了"白石书院",并在书院之中祠祀朱熹与黄干。同时,刘自谦又捐出田地千余亩的地租充当书院的费用,葛源周围乡里子弟才堪造就者,"咸收而教养之"。之后,白石书院就成为教化乡里,教育人才的中心,宋元明三代的中央朝廷与地方政府也对其不断旌表,从而极大地提升了刘氏的家族声誉,后人提及葛源刘氏,均直呼为"白石刘氏"。从南宋到明代,白石刘氏的家族史,正代表了南宋朱熹以后理学在葛源地方的社会实践过程。

明清易代,兵戈不止,其中顺治年间的金声桓叛清,与康熙前期的"三藩之乱",对葛源地方社会的创伤尤重。关于这两次战乱时葛源的地方情形,现存葛源《王氏族谱》所收录的王氏迁葛二世祖"爀公"所撰《纪异谣》当中有真切的描述。

根据史料记载,金声桓叛清以后,清军曾自安庆发兵,渡江进占九江,并先后攻陷广信、饶州,围攻南昌。葛源地当广信与饶州之间,自然深受其害。据《纪异谣》记载,当时葛源地方"土弁索人粮饷,遇者家财尽罄",老百姓"悉在山坡隐匿,数载若无所伸"。同时"神虎咆哮出现,耕农种作忧心。又为瘟疫烂脚,命乘遭此殒身。不期天又淫雨,带糠升米四分。兵马会食人肉,盐肉钱六一斤。人民饿死大半,鬻妻卖子惨悽。少艾妇卖徽乐,无奈忍痛分离。剜却心头之肉,医得眼前之痍"。兵变期间,土弁、虎害、瘟疫、淫雨、兵马等各种因素交杂其中,葛源百姓困苦不堪,地方一片惨状。

康熙十三年耿精忠叛清起事后,葛源又为其兵锋所指,于是又出现了"遍地千百把总,游击参将日增"的情形,地方富户成为勒逼军饷的对象,贫困之家则被抓丁充兵,一时地方鏖战,遍地白骨。紧接其来的康熙十五、十六、十七三年,各路地方豪强也相继而起,葛源百姓"衣被遭为卷掳,日夜寝食不宁",地方上"乡乡房屋毁烬,村村路草丛深"。

"三藩之乱"后,各地地方社会秩序渐趋宁静,清代也开始进入了后来所谓的"康乾盛世",战后葛源的地方历史,就是在这样一种大乱之后

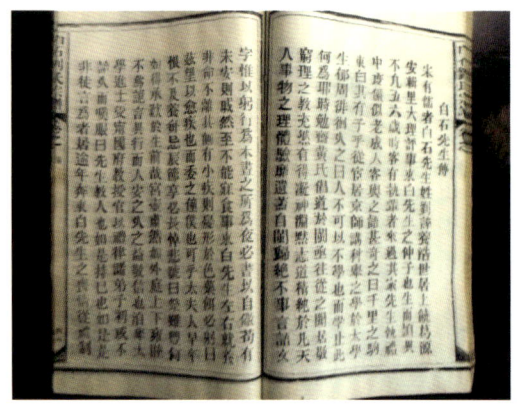
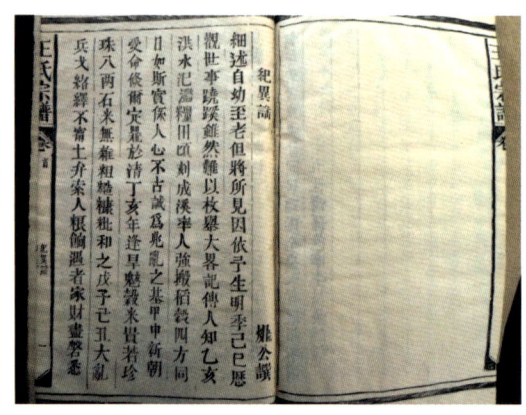

吕枏《白石先生传》《白石刘氏宗谱》卷首　　王燡《纪异谣》《王氏宗谱》卷首

的时代背景下展开的。而对那些地方大族来讲，休养生息之余，着力培养族中子弟博取科举功名，在尊祖敬宗的名义之下编纂族谱，修建祠堂，就成为它们不变的内在追求。乾隆、嘉庆以后，葛源镇的四大家族内部各房也开始分化，各个房派也开始修建各自的房祠，地方小族则不遗余力地与同姓大族联谱，大小族之间都使出各种手段建构自己的家族历史与文化，一时你方唱罢我登场，太平世界，歌舞升平。

然而，紧接而来的咸丰太平军战乱，却再次打破了葛源地方的日久承平。咸丰元年（1851），太平天国运动在广西金田爆发，以后太平军出粤西、下两湖、陷九江、定都南京，此后十余年间，中国东南半壁，一直处在战乱当中。作为太平军与清军反复作战的主战场之一，江西在这场战争当中受害极深，数百年来积累的民间财富被消耗殆尽，近代江西区域社会的整体走向也因此受到极大影响。包括葛源在内的赣东北饶州、广信二府，由于邻近安徽与浙江，更是战争当中的重灾区。

咸丰九年冬季，葛源镇上的王姓续修族谱时，族人王家燮曾撰有《葛源遭兵纪略》一篇，详细记录了太平军进入葛源地方的情形。据《纪略》记载，葛源由于四面环山，"人心质朴而褊啬，山水清秀而险隘"，太平军兴之时，"葛源固耕读自若也"。以后太平军溯江而上，围攻江西省会南昌，"其时葛地亦不甚惧，城市亲友颇有搬入葛源者"，葛源一度成为战争的避难所。咸丰五年，葛源第一次感受到太平军的压力。该年二月，太平军由安徽进入到江西德兴县,由于"德兴距葛仅百里,朝发夕便至",葛源一时人心惶惶。三月,太平军由德兴攻入弋阳,一度驻扎弋阳城内,后遭到清军进攻,又返回德兴。三月十九日,太平军"又一支由德兴窜横峰,陷信郡",后亦被清军"追回徽州而去",这一年,葛源最终得以无事。

咸丰六年七月,太平军进攻广信府城不利,于是在退兵的路上,于八月十九日攻入葛源。由于是黎明之际,葛源百姓躲避不及,所以"是日殒命者数十人,被掳者大约四五百,鸡猪、衣物、银钱莫计其数",这个情景在咸丰十一年葛源杨氏修谱时族人杨学权所写的谱序当中也有反映,序文曾记载:"咸丰丙辰(六年)八月十九,贼至自铺前,三千烟火起晨炊,百万虎狼直逼卧榻,张眸则烈焰冲霄,侧耳则哭声满路,衣裳在笥百留二三,鸡豚执牢十空八九,被掳者三百余人,丧元者五十余级。"经过这次惨痛的教训,葛源地方开始设立专门的信探,信局就设在王家燮开设的店铺之内。

从第二年太平军二度进入葛源时的情况来看,信局设立对葛源士民的及时躲避发挥了巨大的作用。《纪略》记载,咸丰七年二月,太平军由安徽至德兴,由于"衣物等件去秋已劫尽,敝衣破絮易于搬运","葛地逃窜一空"。之后太平军又由德兴过弋阳漆工镇,从弋阳、横峰往福建,"漆工镇过兵者七日",葛源派出去的信探四面探听,以为可以幸免,不料三月七日太平军即由弋阳漆工镇转往兴安铺前镇,复由铺前至葛源回德兴,幸亏"探丁早回数刻",葛源"地方被掳者仅数人",只是葛源街"南市店屋及各乡房屋被焚者不少",此外黄山底地方则因抵抗太平军,"遭害犹惨"。三月八日,太平军仍由崇山往德兴而去,此即太平军再过葛源之大略情形。

咸丰八年,太平军"由抚州至弋之南乡,及河口、铅山、广丰,以次至福建、衢州","过兵者廿余日,而信河以北无事"。七月间,太平军复"由玉山及郑家坊、姜李村往德兴,据景德镇",葛源地方"亦尽搬移"。一直到咸丰九年秋,景德镇的太平军往安徽而去,包括葛源在内的赣东

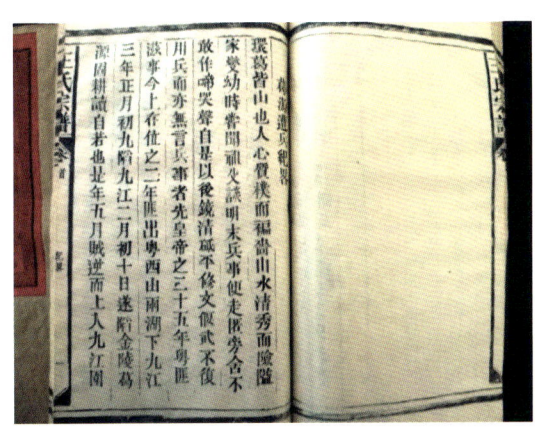

王家燮《葛源遭兵纪略》《王氏宗谱》卷首

北地方才逐渐安宁下来。

咸丰六年与七年太平军两度攻掠葛源，地方社会惨遭摧残，葛源地方的士民，自然也是饱经战争的创伤。不过重要的是，葛源传统社会历史文化的传承机制，并未因这场战争而被摧毁，战争过后，葛源地方的各个家族又开始继续他们的续谱修祠活动，地方历史文化又迎来了新一轮的重建。咸丰战乱后的葛源地方，同姓之间联宗建祠、共修宗谱的态势得到了进一步的加强。

民国五年，葛源镇舒溪街上的程氏与南市街程氏、枫林桥程氏一起"会修"宗谱，舒溪派第十六世孙程道曾撰《葛源新安程氏会修宗谱序》一篇，详细记载了三支程氏的来由，以及最后是怎样走到一起共同修谱的过程。按照序文的记载，舒溪程氏于明初迁自徽州歙县，始迁祖为"京公"。南市街程

葛源红军塑像

氏于明末迁自徽州休宁县，始迁祖为"文耀公"，枫林桥程氏则于清代康熙年间迁自徽州婺源，始迁祖为"有煌公"。因而三支程氏迁入葛源"为时之相去六七世，迁地之相距百余里，非深考诸谱牒，几不知为同支一本也"。而且在各自迁入葛源之后，三支程氏一开始各修各谱，毫不相关。其中舒溪程氏宗谱"创修于葛，续于葛"。南市街程氏"统修于徽（州）婺（源）"。枫林桥有煌公支则与弋阳程氏有辉公支合修于弋阳邵家坂。虽然三支程姓"居同地，籍同横峰，时祭同祖庙"，但"彼此转不相谋相联"，"势似涣而难合"。

然而，同姓要变成同宗，其实又是很容易的。程道在《序文》中又说，南市街程氏的始迁祖"文耀公"，是"沄公"的后裔，舒溪街程氏与枫林桥程氏的始迁祖"京公"与"有煌公"，则是"湘公"的后裔，沄公与湘公，又为"同怀昆季"，溯本追源，又都是"忠壮公"程灵洗的后代，三支程氏相聚葛源，"无论为舒溪、为南市、为枫林，究其地皆属葛源，其

祖皆来自新安（徽州）"，所以大家"纂修谱牒，自不妨由分而合"。

可见，咸丰太平军乱虽然重创了葛源地方社会，但自南宋以来的传统社会文化的传承机制并未遭到破坏，战后葛源地方大族继续分化，小族通过各种途径依附大族，或与其他各支同姓联宗，共同续写着家族与地方社会的故事。然而，伴随着科举制的废除、清王朝的覆灭以及新式学堂的兴起，葛源地方近代意义上的知识分子也开始产生。可能谁也不曾料到，就在葛源三程会修宗谱之后十一年（1927），正是舒溪派程氏第十六世裔孙程伯谦在葛源地方组织了农民革命团，并参加了后来的"弋横暴动"，葛源的地方历史也由此翻开了新的一页。

1931年2月下旬，以方志敏为首的赣东北特区党政军领导，在面对国民党军队进攻的辗转途中，最终选定了葛源镇为赣东北苏区首府。从此，地处横峰、弋阳、德兴、上饶四县交界的葛源镇，成为赣东北革命根据地政治、军事、经济、文化的中心。1931年3月，赣东北特区工农兵代表大会在葛源镇召开，组成赣东北特区苏维埃政府，方志敏任政府主席兼文教委员会主席，黄道任肃反委员会主席，邵式平任军事委员会主席。

1931年3月15日，国民党军第四师和第五十五师集中四个团以上的兵力，分别从上饶、乐平合围赣东北苏区的中心——弋阳九区和横峰葛源。7月16日，国民党军第五十五师攻占赣东北苏区首府葛源。由于苏区党政军领导机关人员事先主动撤离，并指挥广大军民"空室清野"，切断国民党军队的粮食来源，第五十五师被迫在三天后撤出，苏区党政军领导机关人员重返葛源。与弋阳九区在这次进攻中所遭受的严重破坏相比，葛源作为赣东北苏区后方基地的政治地位，显得比较稳固。苏区党政军领导机关迁回葛源后，从上海赴赣东北苏区的中共中央代表曾洪易及同来的关英等人，与方志敏和其他特委领导在葛源初次会面。

随着赣东北苏区的巩固发展，首府葛源在政治、经济、教育文化、公共事业等方面的设施逐步完善起来。1931

闽浙赣省苏维埃政府旧址

红五分校

年 7 月下旬，中共赣东北特委党校在葛源开办。8 月，方志敏在葛源首倡修建列宁公园，列宁公园建成后，占地六千平方米。赣东北苏区首届全民体育运动会、全军运动会、儿童运动会等活动，也先后在葛源举行。

1931 年 11 月 7 日—14 日，赣东北省第一次工农兵代表大会在葛源召开，会议决定将赣东北特区苏维埃政府升格为赣东北省苏维埃执行委员会，此后，中共赣东北省委、赣东北省苏维埃政府、团赣东北省委等省级机关的主要会议，经常在葛源召开。1932 年 8 月 3 日，由于赣东北苏区"事实上已不止赣东北，除闽北崇安浦城建阳等处苏区和邵武的秘密组织外，浙江之开化和江山也已有苏区的建立"，中央代表曾洪易和"赣东北省委"联名，向中共临时中央提出将"赣东北省委"改名为"闽浙赣省委"的请求。11 月，经中共临时中央批准，赣东北省委更名为闽浙赣省委。12 月，经中华苏维埃共和国临时中央政府批准，赣东北省苏维埃政府更名为闽浙赣省苏维埃政府，执行委员会和主席团成员未变，方志敏继任省苏维埃政府主席。由此，赣东北省正式更名为"闽浙赣省"，葛源随之成为闽浙赣省的省会，直到 1934 年 11 月被国民党军第二十一师占领。葛源作为赣东北革命根据地首府的时间长达四年，作为闽浙赣省的"红色省会"的时间将近两年。

纸业大镇 革命热土

铅山县 石塘镇

江西省国家级历史文化名镇
江西省省级历史文化名镇
中国传统村落

"三月初十天,红军有几千。说起石塘几千烟,不打不心甘。从下松岭过,石塘就打破。打死团丁几十个,枪支都缴获……石塘店老板,早把店门关。不关店门好为难,东西怕拿完。一问不独裁,店门又打开,打开店门做买卖,百姓都自在。"

1931年2月,蒋介石发动了对红军的第二次"围剿",闽北苏区大片失守。为解闽北红军之围,方志敏决定率领红十军进军闽北,他利用敌人主力集中在闽北,铅山后防空虚,决定途经铅山时拿下工商业重镇石塘。4月27日上午,方志敏率领红十军攻入石塘镇,激战不到一小时,红十军就完全占领了石塘镇。第二天,方志敏在抚州会馆(今石塘小学内)召开了群众大会,向石塘的群众和工商界代表宣传了党的政治主张,讲解了红军的政策和铁的纪律,号召全体劳苦大众团结起来,同反动势力做坚决的斗争。红军在石塘纪律严明,严格执行保卫中小商业的政策,受到当地百姓的普遍称赞,这首歌颂红军的小调,就这样在石塘地方开始传唱开来。

石塘镇地处江西省上饶市铅山县东南35公里的武夷山北麓,自古盛产毛竹、车竿竹、水竹、苦竹、斑竹、紫竹、凤尾竹、棕竹、箬竹等各种竹子,手工造纸的原料取之不尽,用之不竭;山区终年不断的山泉溪水,可为造纸提供充足的优质水源;满山遍野的柴薪,能为手工造纸提供廉价的燃料;造纸所必需的植物纸药,如毛冬瓜、南脑、鸭屎柴和石灰也可就地取材;加上石塘河与古驿道将石塘与外部紧密相连,可使其生产的纸张销路畅通。以上诸种条件的具备,最终使得石塘镇成为明清以后著名的纸业大镇。

不过，在手工造纸业兴起以前，石塘的历史更多的是与当地的祝氏家族联系在一起的。据《祝氏宗谱》记载，石塘祝氏的始迁祖祝仁霸于北宋庆历年间（1041—1048）自浙江江山迁入石塘。后来，邻近石塘的福建崇安县出了一位抗金英雄刘韐，刘韐小时候曾跟随父亲一起，在祝仁霸的孙子祝祐的家中开馆授徒。刘韐登第发达之后，不忘祝氏旧情，不仅将女儿许配给祝祐之子祝可久，并在仕途上大力提携祝祐父子。以后，祝可久又跟随刘韐长子刘子羽，共同致力于川陕一带的抗金事业，最后官至贵州（治今广西贵港市）刺史。祝祐去世之后，祝可久也自贵州归隐乡里，与其弟祝可大建乡校教化乡里、置义庄周恤乡党，开启了石塘一带彬彬向文的风气，祝氏家族也发展成为石塘镇的第一大望族。

更重要的是，福建崇安的刘子羽、刘子翚兄弟后来又培养出了一代文宗朱熹，崇安也成为后世公认的"道学之乡"，所以地方志里又说石塘"密迩崇安，耳熟道学之乡，刘忠显（即刘韐）死节，祝祐父子敦训行义，姻媾结驷，迁处错趾"，是一个"君子用心理籍，小人勤身织竹，俗以遂无游民"的儒学之乡。

明代以后，造纸业在石塘所在的武夷山北麓山区广泛兴起。万历《铅书》卷九《碑记第九》当中收录了嘉靖三十六年（1557）贵溪人吴春撰写的《石塘陈公堤记》一文，文中对石塘因纸业而兴的情景有十分真切的描写：

信之铅山县，县东南四十里，其地曰"石塘"，邑巨镇也。石塘四面皆山，富山在其东，嵩山峙其西，南有云顶，北有鹅湖，层岩绝壁，宿雾连云，地称沃野，擅一方之胜。其去温陵关百里，达闽之崇安，两省懋迁，故无虚日。又山多竹木之利，尤宜于纸笺，每岁造办，不知几万亿。上自进御表启，下至王公贵人，百司庶府及士庶人，凡文牍简书之费，日益浩繁，类多取给，于是广方体洁，厥美可珍，其为物甲于天下，故四方商旅毕集，日夜接踵而至。

这段文字说得明白：明代嘉靖中叶的石塘，已经是一个四方商贾辐辏的纸业巨镇，"每岁造办，不知几万亿"，说明当时石塘纸业贸易规模的巨大，自石塘至温林关入崇安县，江西、福建两省之间的商贸活动也极为

石塘《祝氏支谱》

《石塘祝氏宜房支谱》

兴盛。"上自进御表启",说的正是石塘地方生产的最负盛名的"奏本纸","文牍简书之费",更多的则是指石塘生产的"关山纸"和"毛边纸"。由于手工造纸的大发展,石塘到明代万历时代已经逐渐变成一个"客著辐辏""乡所聚庐,皆尽楮户"的地方,当时的石塘"书声遂微,姻缔不讲,贫则弃妻,生厌举女,细民穷乡,溺于粗鄙,终岁不冠",社会风气已经由斯文而粗鄙,与原有的道学斯文渐行渐远了。

清代乾隆、嘉庆以后,由于各地雕版印刷业的发展,各种书籍印刷用纸量大增,石塘镇的纸业也长盛不衰,其所生产的纸张最为有名的是奏本纸、关山纸、毛边纸和京川纸。其中"奏本纸"以纯竹丝为原料。出厂后经加工包装,由官府收购,供官员书写奏章之用,堪称手工纸中之精品。

"关山纸"为石塘名产。该纸以竹丝和一季晚稻稻草为原料,由手工抄造而成。平滑细嫩,韧性好,用途广泛,尤其宜于学生习字和制作账本之用。民国初期,石塘关山纸盛极一时,年销售额逾100万银圆。因产品从石塘运出之后,要出关越山,方能到达南北各地,故取"关山辽远"之意,取名"关山纸"。

"毛边纸"是上料纸之一,以竹丝和少量稻草为原料,经蒸煮、漂洗

石塘纸业制纸

等多道工序打成纸浆,用手工抄造而成的一种纸张。因该纸洁白、细嫩、平滑,带有竹帘纹印,宜于毛笔书写,木版印刷,纤毫毕现,常用于印刷古籍和家谱,故市场需求量颇大。明末清初江苏常熟的著名藏书家、刻书家毛晋的汲古阁刻印《十三经》《十七史》时,曾派员四方寻觅合适纸张,后来几经辗转到达江西铅山河口镇,一眼便相中了石塘所产的毛边纸,于是大批订购。毛晋借石塘毛边纸印刷的《十三经》等古籍名传后世,石塘毛边纸也藉毛晋及其藏书楼汲古阁的声望而流传更广。石塘毛边纸因其优良的品质,成为明清两代尤其是清代纸张中用途最广的一种。

"京川纸"又称荆川纸、书川纸。原料以竹丝为主,稻草为辅。该纸洁白细致,薄如蝉翼,透明度高,孩童用以摹字极佳。该纸初名"荆川",行销于湖北、四川一带。清代销路扩展,又远销京津,故改称"京川纸",并一直沿用至今。

清代以后,石塘纸业的生产与贸易进入鼎盛时期。石塘街上纸号林立,纸店遍布,纸栈毗连,而且大多资金雄厚,销路广阔。其时石塘纸张的外运大部分先由陆路或水路运至河口镇,再以河口镇为中心形成北、南、西三条主要外销线路。其中北路由河口镇出发,顺信江而下进入鄱阳湖,出湖口溯长江而上至汉口,再由汉口溯汉水而上至樊城、张家口,然后转陆路经内蒙古、蒙古抵俄罗斯西伯利亚,再运销各地。南路则由河口出发至鄱阳湖,溯赣江而上至南安大余登陆,再肩挑背驮车载马运越过梅岭,再次装船由水路运至广州十三行,销往南洋各国和世界各地。西路则由鄱阳湖入赣江,溯江而上至清江,再折袁水西运,经新余、袁州(宜春)至芦溪登岸,过萍乡入湖南境内销售。北、南、西三路行销,最终形成"石塘纸张通天下"的盛况。

民国时代,石塘的纸张贸易虽然总体上逐步低落,但与其他地区相比,仍然是相当可观的。即使在烽火连天的抗日战争时期,石塘的关山纸仍然是一些富商大贾所关心和市场看好的商品。当时关山纸在石塘每件300元(关金)左右,运至杭州即可得2倍以上的利润。由铅山至淳安的货运汽车和富春江上的帆船,装运的商品大多是石塘的关山纸。

石塘纸业经营者除石塘本地人外,外地商人也纷纷前来。现今石塘镇内遗留下来的许多商人会馆,如饶州会馆、昭武(抚州会馆)、福建会馆(天后宫)、洪都会馆,以及为数众多的纸号纸栈等历史建筑,则是明清以来石塘纸业发展辉煌的见证。

民国时代,石塘镇上最有名的纸号是"复生源""罗胜春""天和号""金鸿昌""查安泉""王家号",资本都在二十三万银圆,他们在铅山乃至全国都有很高的知名度和影响力。另外像"松泰行""舒记行""赖家行""潘中和纸栈"也都有一定的规模和影响力。

舒记行纸号

近代以来,石塘镇不仅以纸业行销闻名天下,也有着光辉灿烂的革命历史。由于北接河口抵近弋阳、横峰,南连崇安与闽北接界,石塘又成为近代苏维埃革命运动当中闽浙赣苏区、闽北苏区与中央苏区相互联系的中间地带,从"东坑暴动"到红十军攻打石塘,从"石塘整编"到"石塘集中营",近代革命在石塘镇留下了光辉的足迹。

1929年2月,闽北民众组织领导人徐福元、李纪贵等人率崇安西乡民众队400多人,从长涧源出发到铅山,袭击和烧毁了石塘镇的国民党警察所。1930年6月13日至21日,夏年祺与余水发、黄凤阶、周茂祯等率领民众队员先后奔袭了篁村、石垅、杨村、叠石、杨村以及国民党紫溪乡公所,横扫了这些地方的地主土豪势力,史称"东坑暴动"。

1934年10月,中共中央率中央主力红军向西转移,开始了举世闻名的二万五千里长征。此后闽北苏区大部丧失,游击队被迫转入深山老林坚持斗争。"卢沟桥事变"后,特别是"淞沪会战"爆发以后,国民党军队对南方各游击区的进攻被迫停止,国共双方开始对南方游击队的改编事宜进行谈判。1937年11月,闽赣省委根据中共中央分局书记项英指示,通知闽北各游击区红军游击队下山集中整编,最后改编为"国民革命军陆军新编第四军第三支队第五团"。第三支队司令员由军参谋长张云逸兼任,副司令员谭震林。三支队下辖两个团,五团团长饶守坤,六团团长叶飞。

1938年2月9日,五团营以上干部在石塘举行就职仪式。会议由新四军参谋长、第三支队司令员张云逸主持,黄道代表中共东南分局和新四

昭武会馆

军军部正式宣布命令，闽赣边区红军游击队改编为"国民革命军陆军新编第四军第三支队第五团"，史称"石塘改编"。五团指战员中后来不少人成为人民解放军的高级将领，如饶守坤在中华人民共和国成立后曾先后担任华东军区海军第七舰队司令员、吴淞要塞区司令员、海军淞沪基地司令员、北海舰队司令员、济南军区司令员，被授予中将军衔。陈仁洪，历任中国人民解放军二十四军军长、北京军区副政治委员、济南军区政治委员等职，被授予少将军衔。

石塘镇还有一段"集中营"的故事。"皖南事变"后，国民党第三战区长官部迅速将叶挺和其他俘获的新四军重要干部押送至长官部驻地江西上饶囚禁，管训被俘新四军军士的地点则选在与上饶邻近的铅山。1941年3月上旬，根据顾祝同的指示，"第三战区司令部训练总队"总队部率第一士兵大队，第二士兵大队和军士队由皖南经浙江进入铅山，其中总队部率"第一士兵大队"和"军士队"驻在县城永平镇，"第二士兵大队"驻在石塘镇。

驻扎在石塘镇的第二训练大队，关押着被俘新四军战士和部分未暴露身份的新四军干部1000余人。第二训练大队利用当地的土城墙和护城河把被囚人员围在其中，并在几个出口处设立全副武装的岗哨把守。为了防止被俘人员逃跑，附近山上5公里范围内的林木、毛竹被全部砍光，设立外围警戒线。第二训练大队的囚牢设在石塘镇上的"罗胜春"别墅，此地墙高院深，共有三层围墙，新四军干部、士兵中所谓的"顽固不化"分子被囚禁在第三层围墙内的一个长约5米、宽1.5米的牢房内。在这里，赤裸裸的酷刑经常发生，当年关押新四军将士的牢房内墙壁上，至今仍留有20余首诗词，如："撇下故园山水，寻奔抗日战争，出师未见顽敌，竟蒙同胞铁网。"反映了当时斗争的紧迫与残酷。

1941年7月下旬，铅山集中营为期3个月的第一期"训练"结束。决定将第一士兵大队改编为第一团，第二大队改编为第二团，开始进行第二期"训练"。从11月开始，一、二两团2341人分别拨补到国民党部队第一OO军、第四十九军部和第六十七师、第七十九师、第二十六师、第一O五师、第六十三师，这些新四军人员后来绝大部分利用各种机会逃离了国民党部队，其中相当一部分人员返回了革命队伍。

上点之地 商帮故里

丰城市白马寨村

江西省省级历史文化名村
中国传统村落

明代万历年间，浙江临海人王士性为官云南，曾这样描述他在当地所看到的江西抚州人：

视云南全省，抚人居什之五六。初犹以为商贩，止城市也。既而察之土府、土州，凡獠猡不能自致于有司者，乡村间征输里役，无非抚人为之矣。然犹以为内地也，及遣人抚缅，取其途经酋长姓名回，自永昌以至缅莽，地经万里，行阅两月，虽异域怪族，但有一聚落，其酋长头目，无非抚人为之矣。（王士性：《广志绎》卷4。）

这段话的大致意思是，万历时代，江西抚州人遍布云南全省城乡各地。抚州人不但在城市里经商，而且在乡间充当土著人的代表与官府打交道。地方官府在乡村征收赋税、佥派徭役，也都交由抚州人来做。最令人惊奇的是，从云南永昌府（今保山市）一直到缅甸境内的广大区域，只要有人烟聚集的地方，其首领头目竟然都是抚州人。所以王士性又感叹道："故作客莫如江右，江右又莫如抚州。"

为什么有这么多的江西抚州人在云南西部边陲地方？王士性认为：江西地狭人稠，"身不有技，则口不糊，足不出外，则技不售。"江西人从事的多是"堪舆、星相、医卜、轮舆、梓匠"这些无本的行当，靠的是有一门谋生的技艺在身。江西人出门在外，并不以资本雄厚著称，而是以本领见长,正所谓"徒张空拳,以笼百务,虚往实归"。

其实,明清时代的江西人,不仅大量出现在王士性所说的云南。可以说,在江西以西的湖广(今湖南、湖北)和云贵川三省,到处都有江西人的身影。而且,除了一技之长外,江西人也利用资本经营,发家致富,这其中的杰出代表,就有丰城的白马寨杨氏家族。

白马寨位于江西省丰城市南部15公里张巷镇境内、丰抚公路旁,共有人口2300余人,主要姓氏以杨姓为主,兼有少量叶、范、吴等姓氏。白马寨杨氏在南宋咸淳年间杨桂(少五郎)自吉水涇塘杨庄迁此开基,先居港北梨树下,后跨溪迁港南乌桕塘。

明朝末年,桕塘出了一位大名人,名叫杨应祥,他从小与父亲杨子登在江西宁都金精山一带跟随当地有名的风水大师学习风水,这些人都是唐代风水大师杨筠松(杨救贫)的徒子徒孙。大明朝皇帝的陵墓和紫禁城的风水、无一不是他们勘定,所以杨应祥在赣南学了不少真本事。杨应祥在国子监肄业以后,被分在山东峄县、费县一带的小县城里任主簿和县丞之类的小官。官虽清闲,但杨应祥仍然干得兢兢业业,一有空就研究堪舆青乌之术,渐渐小有名气。恰好那一年北京钦天监(相当于国家天文台)预报节令和日、月食屡屡失误,引起崇祯皇帝的不满。后来山东方面向钦天

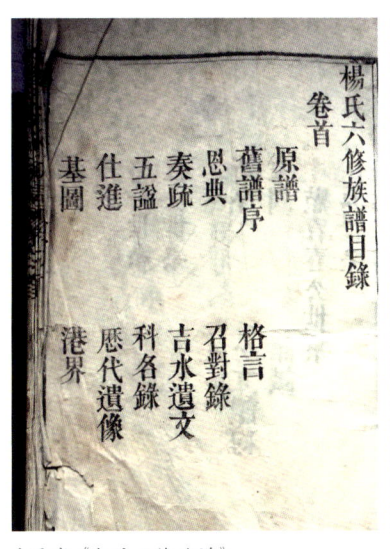

白马寨《杨氏六修族谱》

白马寨《杨氏七修族谱》

监推荐杨应祥，杨氏最后就以一名天文学方面的专家身份，进入钦天监供事。以后，杨应祥又受崇祯帝的旨意，踏勘皇陵有功，崇祯帝下旨在杨应祥的家乡赐建"地师府"，杨应祥将家乡柏塘村绘成地图呈上，于是崇祯帝为其亲点"地师府"的地宅。为纪念这一份无上的荣光，杨应祥的族人后来就将"柏塘"改为"上点"。

上点村后来又叫白马寨。白马寨的来历源于村前的白马山。康熙五十六年（1717）举人、浙江同考官范周（丰城城内智林巷人）为《杨氏族谱》写的一篇《白马山记》中，曾记载了一个古老的传说：

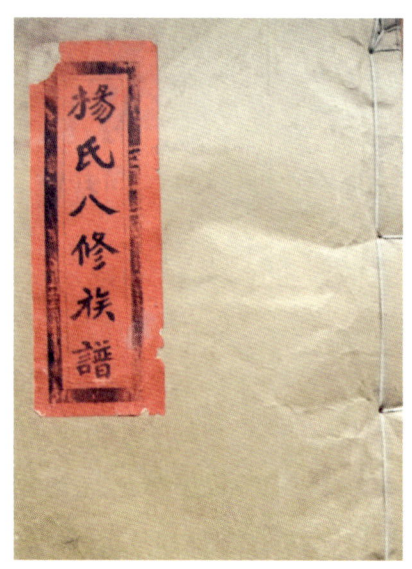

白马寨《杨氏八修族谱》

当司马晋之时，文明不振，神物概兴，斗牛间既有龙光闪闪，见晋丰祥瑞之应，于是三神人乘白马而来游，乡人曰"怪哉，斯神也"！古称人杰地灵意者，晋地当兴，故遗神人以发其兆，而白马之瑞，其为千里之驹乎！佥议作祠以祀之，而固以名其山。

这个传说，是讲晋代有三位神人骑白马游历此地，故为杨氏在丰城的发祥地之一，旧时建有白马庙。后来此地又建有营寨以扼丰（城）抚（州）官马大道之要津，清代咸丰年间太平军也曾利用白马寨的特殊地理位置，建立自己在丰城的根据地，因此白马寨名气很大，也更具军事色彩了。

白马寨旧为南昌府到抚州府的官马大道所经，地理位置和军事地位都很重要。清咸丰、同治年间，白马寨是太平天国军队与清军反复争夺的要塞。抗日战争时期，这里也曾是中国军队抗击日本侵略者的战场。白马寨在明代中期以后得到较快发展。到了清代乾隆时期，逐渐形成颇有实力的白马商人。

白马商人并非一开始就具备大量的资金，他们也像江西其他商人一样，经历了由小手工业者、小商贩到大商人的过渡，通过资本积累，最终形成富甲一方的富户。白马商人许多是因家贫而经商，比如杨尚光，"家始綦贫，就贾于湖湘间"。杨明柳，"家贫，幼失怙，时祖母老而两妹稚，四

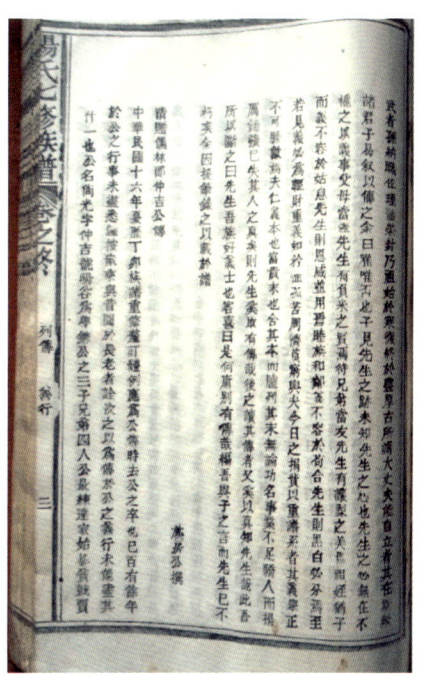

《清赠儒林郎仲吉公传》

壁萧条,饮食不给,伶仃孤寡",遂"就贾于湖黔间,蛮烟瘴雨,历尽艰辛"。又如杨人常,"家甚贫,牵车服贾,往来赣湘,谋锱铢之利以赡其家";再如杨敏功,"少贫,无力于学,乃学贾于三湘七泽间"。

在外经商的白马商人在形成一定规模后,开始从族中挑选直系亲属协助自己经营,最为典型的是杨祖兰这一支。杨祖兰的高祖杨学镱是白马寨最早的外出经商者之一。从乾隆时期湘黔开创基业,到光绪时期杨祖兰兄弟商学分工、杨熙纯主持商务活动,共六代经商,一百多年长盛不衰。到了第二代、第三代,白马商人是以兄弟子侄为集团的面目出现的。杨尚光、杨尚位为代表的第二代商业家族(尚字辈)在经营的同时,又开始培养下一代(际字辈)白马商人。

杨尚光的子侄杨际烈、杨际轫、杨际岱很早就跟随长辈外出经商。杨尚光带着胞侄杨际烈、杨际轫到贵州铜仁经商;其后"际"字辈的杨际运未满五十而卒,而杨际运的三个儿子杨明柳、杨明构和杨明萱在商业上的经营,又得益于伯叔们的捭摄与照拂。他们的堂兄弟杨嘉本来也是一个儒生，因其父杨际韧在湖南辰州府沅陵县设立"鼎兴典肆"，规模扩张，事务繁剧，于是杨嘉毅然把读书的机会让给诸弟，自己以长子的身份来到湖南帮助父亲打理生意。后来他继承父亲衣钵，尤其喜欢提携"戚族子弟"，他所开创的典当行业，一直为族中经商者效仿和推广。当时白马商人多出杨嘉和杨祖兰的祖父杨亨门下，一时盛况空前。

按照白马商人的规矩，来到铜仁或常德的初学者为了学习典当经营，必须先做一段时间的伙计或掌柜，为以后自立门户独立经营打好基础。如杨煟，本为杨顺嗣子，在家业中落以后，只好重操父亲旧业，来到湖南为堂伯杨亨经理典当事，一干就是三十多年。又如杨振乾，十五岁时辍学，来到常德这个"财赋之区"，跟随堂伯堂叔们经商。初到常德时，杨振乾"服劳习艺，勤谨逾恒"，没有一点世俗青年子弟的习气。学徒三年，杨振乾熟谙典业之经营，得到长辈的肯定与期许。18岁时便独立经营典当，以后又与多位族兄弟共同经营"宝兴典肆"，"总揽商务垂四十年，商界称巨擘焉"。

乾隆初年杨学鏴、杨尚光父子开始在铜仁的经营活动后，到这里的从业人员越来越多，为谋求进一步的发展，嘉庆、道光以后，白马商人的活动中心沿着沅江向下游推进，最终在常德立足。白马商人之所以选择在常德、铜仁二府经商，是因为"常德、铜仁皆通衢，商贾辐辏"，古代西走云贵，必走这两府，今天的320国道几乎就是沿着这条东西孔道建设的。特别是常德府，地处洞庭之滨，北可至武汉、中原，南可到长沙、两广，战略位置十分重要，常德府所在地武陵县有朗江（沅江下游的别称），所以白马商人们一般称常德为武陵、朗水。白马商人十分重视这个八省通衢，"武陵居洞庭之两，扼云贵之吭，为八省通衢，商贾辏辐地也"。

白马商人后来人数越来越多，到光绪末年，白马寨在常德经商者已有数百人之多。为了保证资金筹集的安全性、经营运转的灵活性和财富累积的可控性，白马商人采用了典型的家族式经营。通过牢固的宗族关系，来保证经营活动顺利开展。他们所从事的典当业，不论独资或合资，在很长时间内都不进行财产分割，即使转让也是整体转让给家族内部，以防止资金分散导致资本流失与脱逃，以及家族内部的恶性竞争。例如杨祖兰家族在铜仁和常德开设的典业，一百多年历经学、尚、际、明、良、人字辈六代经营，一直到清末才第一次析产，一百余人分析为三十二户，即三十二股，总体仍由杨祖兰的弟弟杨熙纯主持。

白马商人内部也有意在族中发现与培养事业的继承者。在家族内部，经商的意识与风气十分浓厚。由于家族长辈的影响，不少白马寨的年轻人很早就置身于商业环境，可以更快表现出经商的天赋。如其早期人物杨尚光，"为人豪爽无城府，处事无机械心，而神智内蕴，远量稽核；动烛千里，以故囊日丰，业日协，赤手致巨富，懋迁之精，辰沅之间至今犹有称之者，亦可想见其能矣"。杨嘉以弱冠助父兴典，"兴利革弊，井井有条"。

白马商人出道晚，民间传统的商品市场基本没有太多的发展空间。但他们另辟蹊径，把眼光瞄准了金融业，开拓出一条以钱庄和典当业为代表的赢利较快的创业渠道。他们在沅江流域的贵州铜仁到湖南常德两府之间先后开设钱庄、当铺二十余家，经营网点遍布黔东和湘西，每年营业额十分可观。

历经两百多年风雨的白马商人，不仅在基业上延续了五六代长盛不衰，而且在鼎盛时期一度发展到从业人员达数百人的规模，关键在不断奋斗的进取精神。他们不断积累资金用于扩大经营规模，或者果断调整经营地点，由沅江上游大举向中下游发展；或者在府一级以下商业集镇开设新的商业网点，对资源与商机进行抢占，而不是像一般的创业者那样裹足不前，富不思进，急于回家盖房买田、建祠修谱。

白马商人的踏实进取、不慕虚荣的实干精神，勤俭朴素本色的生活作风，也令人肃然起敬。"家法以崇节俭、敦仁爱为要"，比如杨嘉"惟自奉綦约，食无兼馔，衣不重裘，好劳而恶逸，日恒操持，不遑将息"。商人在生活上勤俭，在创业上却真抓实干，一点也不含糊。如杨玉洁"宵旰不遑，每漏鼓三下始就寝，黎明即起，终日记会，未曾少形倦色"。

白马商人热心公益，积极回报社会，"虽丰于财，然不为财所累，遇善举则为之，率千金无吝色"。凡在丰城及创业地常德有兴办学校、赈济灾民、修桥筑路、创建会馆、重修孔庙等善举，无不活跃着白马商人的影子，这使他们获得了"乐善好施"的名声，社会关系更加良好融洽。比如乾隆年间到湖南、贵州交界的铜仁县经商的杨学鏴在创业成功后，就曾在嘉庆七年（1802）赈济饥民，十三年（1808）捐资修丰城县志，二十年

（1815）又捐银四百两，助修江西省贡院。道光四年，杨学鏓的儿子杨尚位捐银三百两，作为丰城县儒学龙山书院的办学费用。

在创业地铜仁和常德，白马商人也积极参与当地建设，如杨以升（慎堂）"客铜二十年"，看到当地因"征苗"战后满目疮痍，遂投入善后重建；杨明访（陶庵）寓铜仁四十余年，临卸事时将债务人的积欠一笔勾销，并将债券当众焚毁，"谓人可负我，不使我负人也"。杨辉垣在常德除了修桥铺路，还捐助了当地的龙池书院。白马商人乐善好施，他们的创业活动始终在和谐发展的气氛中进行，他们最终成为富甲一方的名门望族不是偶然的。

龙南县关西村

龙木渊薮 围屋之乡

江西省国家级历史文化名村
中国传统村落

"予为分关立谱,所以详载家资,胪列产业,俾尔兄弟世守,且望奕集缵绪,振兴无穷也。自今以后,尔兄弟九人,务宜各掌各业,丕振家声,克俭克勤,恢宏先志,则谦让可风,箕裘有赖,此则予之厚望也。"

清代道光七年(1827),江西龙南县的著名士绅与富豪徐名均,因自己年岁渐高,门下"丁计百余,屋分数所",深感无力统摄,于是召集膝下九子分家析产,并将所有家业均分九股,一一注明于分家文书之上,徐名均又亲自作序一篇,置于《分家簿》开篇之首。

据序文记载,徐名均在兄弟六人当中排行第四,幼习诗书,励志上进,后来多次参加乡举考试,但都未能中举,于是放弃科举,"督理家务"。乾隆辛丑四十六年(1781),徐名均的父亲徐立孝主持徐氏六兄弟分家,徐名均共计分得"田租叁百捌拾担正,西昌典铺半间,存资壹万陆千两",由此可见徐名均的父亲已经积累了数量惊人的财富。

兄弟分家以后,徐名均"内主家政,课诵读,外谋生理,凡洪纤巨细诸务,悉亲自图维",孜孜不倦,在家业拓展方面取得了巨大的成功。嘉庆十四年(1809),徐名均先是将22000两现银分给了九个儿子,命他们"各自生理",但当时田产、房屋、典铺尚未分开。十八年后的道光七年,徐名均最终将自己一生置办的田产(共有田租1226担正),以及所有屋宇、塘土山冈、典铺店房均分给九个儿子,并希望他们能够"各掌各业,丕振家声,克俭克勤,恢宏先志"。

一份《分家簿》,已能说明徐名均的家大业大。在徐名均的家乡龙南县关西镇关西村,更有许多关于徐名均的传说故事。在当地老百姓的口耳相传中,徐名均因其在兄弟之中排名第四,人称"徐老四",是一个通过木材生意发家的大富豪。

清代乾隆年间，赣南盛产木材，木材质地良好，其中龙南县的木料被称为"龙木"，成为当地的主要财源，而关西则是"龙木"的主要产地。由于交通不便，赣南各县出产的大量的木材只能通过水道运往赣州、九江、南京等地销售。从年轻时代就开始"弃儒经商"的徐老四追随父亲闯荡江湖，走南闯北，经历了许多的创业艰辛。那年，刚满30岁的徐老四替下了放排贩运木头多年的父亲徐西昌，押运木头下南京。几天后，木排停泊在赣州城外。当时有一位迷路的落魄公子，因钱物被盗在江边徘徊，穷困潦倒，正无奈之际，看到徐老四的木排停在江边，就恳求徐老四顺路搭他回南昌。一路上，徐老四对那少年照顾得十分周到。木排到了南昌，因一路疲劳，徐老四决定休整两天，并给了一些银子给那落魄公子，打发他回家去了。第二天，一辆八抬轿子来相请徐老四，徐老四才知道那落难公子是当朝的道台公子（也有说是南昌知府的儿子），因跟家里赌气，流落到了赣州，徐老四无意间逢到了贵人。席间，徐老四向道台大人诉说了做木排生意的难处，一路上苛捐杂税，盗贼横行霸道，放一趟木排也没几个钱上手。道台大人为报答徐老四搭救儿子的救命恩情，更有感于徐老四做生意的困苦，特写了一道手令交给徐老四，手令大意为：凡是木头上烙有徐老四父亲"西昌"字号的木头，在五年内一律放关，免收"厘金"，全程通行。一夜之间，徐老四成了水道上的老大，许多木材贩子争相巴结徐老四，纷纷在自己的木头上刻上"西昌"字号。后来徐老四资产越滚越大，又在赣州、信丰、龙南等地购置了大片地盘，开当铺、药铺，成了一方富豪。

徐老四胸怀大志，生意越做越大。由于子女众多，徐老四想建一幢集生活、防卫、娱乐为一体的围屋，于是在清代嘉庆三年（1798）开始动工兴建。这座围屋前后花了29年时间、耗资百万银两，最终于清道光七年（1827）建成。人们为与徐氏老围区别，称之为"新围"，这便是现今保依然存完好的"围屋之王"——关西新围。

关西镇至今保存的围屋，大大小小共有40余座，它们以西昌老围为主线，如众星捧月般连成一片，且每座围屋各具特色，是保存完好的、体现赣南各个时期的围屋建筑风格和特点的明清古民居建筑群，故关西村也被称作"客家建筑博物馆"。

要了解关西围屋与关西的历史，需要进一步了解关西徐氏的家族发展

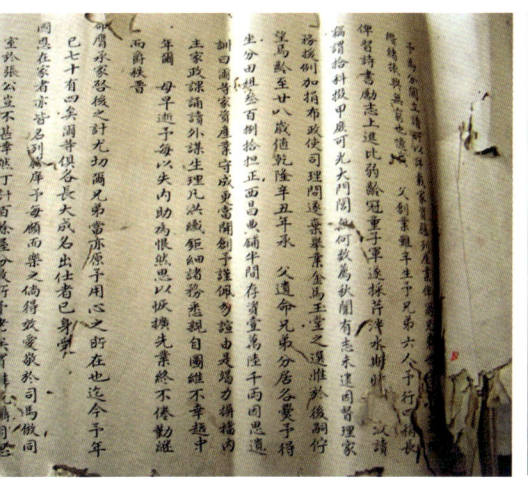

徐名均分家簿

关西村《徐氏七修族谱》

史。据关西村《徐氏宗谱》记载，关西徐氏的始祖为徐云彬，与其兄徐云兴曾同在南宋朝中为官，后因在官场受排挤而弃官，南逃至江西万安县皂口。南宋理宗嘉熙丁酉年（1237），云彬之子徐有翁举家自万安皂口徙泰和，再辗转迁至龙南下燕村定居，成为关西徐氏的始姐。

据传，徐有翁深悉风水学说的奥妙，看中了这片青峰东立、东山南耸、三阳山西卫、关水北流、山环水抱、天然形成的宝地，认为这里适宜居住，可兴旺家族。当然，如同任何一个迁居异地的人一样，徐有翁在关西肇基的艰辛可想而知。从现存的极少资料、当地村民讲述和徐氏后来的建村规模推断，徐有翁家境比较殷实，有较好的文化修习，经商走南闯北，视野开阔，有一定的处理人际关系的水平。经过艰苦的拓荒、建造居室、与当地人的交易、争斗，徐氏家族终于扎下根来。当地留有这样的说法：最早来关西定居的是张氏，张氏占了关西最好的田地。据说，张氏主要以务农为生，比较老实，而徐氏则是风水先生，比较狡猾，但徐氏来了之后，就采用各种手段把张氏的好地全部霸占了，把张氏往里面赶，一直赶到山腰里面，所以至今张氏仍然居住在山腰里。从这个口碑看来，关西历史上也曾经充满了姓氏之间的争斗，只不过，历史上的争斗现在已渐渐被后人淡忘罢了。这个口碑还显示，徐氏祖先是个风水师，徐氏家族在当地的势力十分强大应该是毫无疑问的。

关西村新围

　　随着岁月的流逝，社会的动荡骚乱，徐氏子孙逐步从下燕顺水往东发展，五世到了连塘（现有徐氏宗祠遗址），十一世到了田心、老围、上燕、上九。随着徐氏宗族的聚集、壮大，家族财富积累增多；同时面临着外部匪盗和流寇的不断袭扰、掠夺，如何巩固安定的生活环境就上升到最主要的地位。这样，依据自然环境和家族的经济条件，具有集居住、祠堂、防风抗震、抵御外侵的客家围屋便应运而生。以下删去"关西聚落发展图"一张。

　　关西最早修建围屋的年代已不可考。但根据《龙南县志》记载，龙南县在成化二十三年（1487）、弘治三年（1490）、正德十二年（1517）、嘉靖三十六年（1557）、顺治四年（1647）、咸丰二年（1852）、咸丰五年（1855）、咸丰六年（1856）、民国五年—十四年（1916—1925）均有战乱、匪患，其中以嘉靖年间（1557—1566）、咸丰年间（1852—1856）、民国年间（1916—1925）战乱频发、匪患严重。由此推测，关西围屋作为防御型民居最早也应出现在嘉靖年间。目前保存较好的围屋主要从13世（1720年前后）开始，增加了炮楼、走马楼等，面积较大。其中的西昌围（即西昌老围）是赣南现存最早的建于明末清初的围屋，占地总面积为5257.6平方米，地势较高，围屋以主祠堂为中心，设南北两大门进出。西昌围状如一只蛤蟆趴在地上，祠堂是蛤蟆的心脏，前门和坤门是蛤蟆的两只眼睛。以祠堂为中心前后左右各建有五幢厅堂和一幢观音堂，建筑时间和风格各不相同。出于风水考虑，建设西昌围时，建有关西塔（1724）。西昌围是这个时期的杰出代表。

再翻阅关西徐氏族谱的相关记载，可以发现，至少在明末清初，徐氏在关西已经是举足轻重的宗族。兹录《关西徐氏七修族谱·忠义》中有关记录如下：

徐从棠，以千长团练乡勇。崇祯二年己巳，广贼张庚仔掠邑境，棠与把总邵、典史薛澄统集乡兵追剿至上蒙堡东坑，伏发，官兵俱被围陷。棠与邵公奋力格开斗，死之，棠子先芳救俱死。入祀儒学忠义祠，旌曰：父忠子孝。

徐之享，康熙丙辰，广贼杨镇邦、胡应扰县，十月十九日从叶坊小径抵关西。胡结营彭坊，杨结营旱荒头，肆掠关西。之享率乡兵同下历司兵夜薄贼营。之享素骁勇，首冲贼垒，斩先锋三人，我兵乘胜出击之，斩俘二百余，贼遂败去。之享深入，死贼营。入祀忠义祠。邑志论曰：关西乃龙邑东南边鄙，居民近百家之聚，当寇锋豕突时，未易制梃以固吾围。而徐之享者，首先冲营，为官兵义勇倡，遂死于锋及。既而群众争先奋力，寇败遁，不肆掠，所全实多。顾古今堂堂阃帅，腰玉握符，难偷生者，指不胜屈。之享独以编氓，舍生卫境，岂不伟然丈夫哉，今皆据旧志纪事，列之忠义传中，庶碧血青怜，少慰于寒原野草间耳！

徐士孜，字去逸，八龄失怙，事母至孝。康熙甲申岁，广寇乱，士孜负八旬祖母上寨避难，往返数次，几罹寇锋。丙辰守城拒贼，设谋集各乡兵来援，城遂得全。又倡建城北护龙台，以聚一城旺气。生平守正不阿，

西昌围木雕

西昌围木雕

西昌围外墙

周恤乡邻，维持桑梓，里人至今思之。

　　上述三个徐氏族人之所以列入"忠义"，都是因为领导乡兵抗击盗贼有功而青史流芳，徐从棠和徐之享还被载入县志。可见，徐氏族人在当时确实是当地有影响力的宗族。其中徐从棠还担任了千总一职，而千总一职，根据《关西徐氏七修族谱·老仕宦科名》记载，徐氏先祖中有徐仁伦，"从征三巢有功而授千总"。所谓"三巢"，是指明万历年间发生在龙南和定南等地的一次大规模的地方叛乱的三个"贼巢"。从徐氏族人长期担任千总一职，也可以看出徐氏在当地的势力及其与官府关系的密切。

　　清代雍正至道光年间（1722—1850），徐氏家族人丁兴旺，财力雄厚，官宦众多。嘉庆至道光年间，徐氏家族共产生了6个进士，13个举人，家族势力臻于鼎盛。正是在这个徐氏家族财富与势力最为鼎盛的时代，一座座围屋拔地而起。在徐老四建立关西新围之前，徐立孝大儿子徐名坦建立了"大书房"，二子徐名培则创建了"鹏皋围"，加上四子徐名均花费巨资，倾29年之力建成的"围屋之王"——关西新围，这些都表明，关西徐氏家族的财力、物力在清代乾隆、嘉庆时代达到了一个顶峰。

　　一座座围屋，就仿佛一部部客家人家族迁徙、奋斗的厚重史书。今天，当人们行走在赣南的乡间，领略那高大、粗犷、雄伟的围屋遗韵之时，都不能忘记每一座围屋背后先民披荆斩棘的创业艰辛，保卫地方的舍身赴难，以及许许多多像徐老四一样丕振家声、克俭克勤、开拓进取的个人奋斗史。

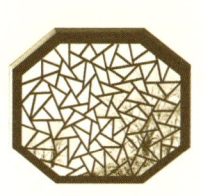

第二章 传世有方
——家训与族规

宋代以后，江西传统家族组织日臻完善，一家之训、一族之规，或镌刻于石碑之上，或收录于族谱之中，逐渐流行开来。家训族规的内容，除了要求家族成员遵循《圣谕六言》《圣谕十六条》一类的封建王朝"最高指示"之外，更多的是劝诫家族子孙为人处世的基本道理，因而格外"接地气"。"遵圣训，崇礼教"、"笃忠贞，崇礼义"、"崇文报国"、"耕读并重"、"忠敬尊睦正心地"等等，一条条家训族规，凝结的是先哲的人生智慧，规范的是族人的日常行为，体现的是一家一族图生存、谋发展的基本逻辑，值得细细品味。

遵圣训 崇礼教 — 乐安县 流坑村

江西省国家级历史文化名村
中国传统村落

明代嘉靖四十一年（1562），南京刑部郎中董燧（字蓉山）结束了多年在外的仕宦生涯，回到自己的家乡——江西乐安县流坑村。返乡不久，董燧即邀集族内士绅与族人，重建了之前被闽广钟凌秀农民军焚毁的大宗祠，之后又为大宗祠立下《祠规》一十四条，以规范董氏族人日常行为。关于董氏祠规设立的缘起与经过，流坑董氏的另一位族人，时任四川大足知县的董极曾有《祠规引》一篇予以介绍，该文开篇是这样写的：

昔青田陆子作家规，合一家之人心也。今蓉山子作祠规，合一族之人心也。然合一家易，合一族难，盖家则情义未涣，稍有礼法以维持之，自遵约束，故曰易。族则情义渐涣，苟非委曲调停，缘情立法，因其便而利导之以归于正，未有不相矛盾者，故曰难。

上引文中的"青田陆子"，指的是南宋江西抚州金溪县青田里（今金溪陆坊）的陆九韶。陆九韶兄弟一辈共计六人，排行最末的，即是著名的心学家陆九渊。据史料记载，陆九渊的父亲陆贺曾经"采先儒之礼"，以礼治家。以后陆贺的长子陆九思统摄家事，将丰富的治家经验总结成书，名曰《家问》，朱熹为之作跋云"《家问》所以训饬其子孙者，不以不得科第为病，而深以不识礼义为忧"，给予了很高的评价。后来陆贺的第四子陆九韶又写有《家制》，他把一些对家人的训诫之词编为韵语，每日晨兴,家长带领众子弟到祠堂,"击鼓诵其词,使列听之"。不过在董极看来,青田陆氏立的是一家之规,还不是一族之规。一家之内,上下均为骨肉至亲,情义尚未涣散,所以比较容易约束。相对来讲,一族之内,成员众多,亲疏不一,人心容易涣散,族众之间,也就难以统一约束。

那么董燧回乡之后,又是如何收拾人心,为董氏族众创立规矩的呢?董极又写道:

> 吾族食指千烟,素号淳厚,迩来寝不逮古,自蓉山子归休林下,倡族彦重新祠寝,敦复古道,每月朔望仿故家宗法,会于大宗堂,又邀父老子弟,每月二会讲学于圆通阁,先宣圣制孝顺尊敬和睦教训之典,次发明孩提爱敬之良心,欲人人以忠义亲长、樽节逊让为事。暮年之间,一族之人心涣而复合,漓而复淳,翕然丕变,率教而遵道者,内外无间。

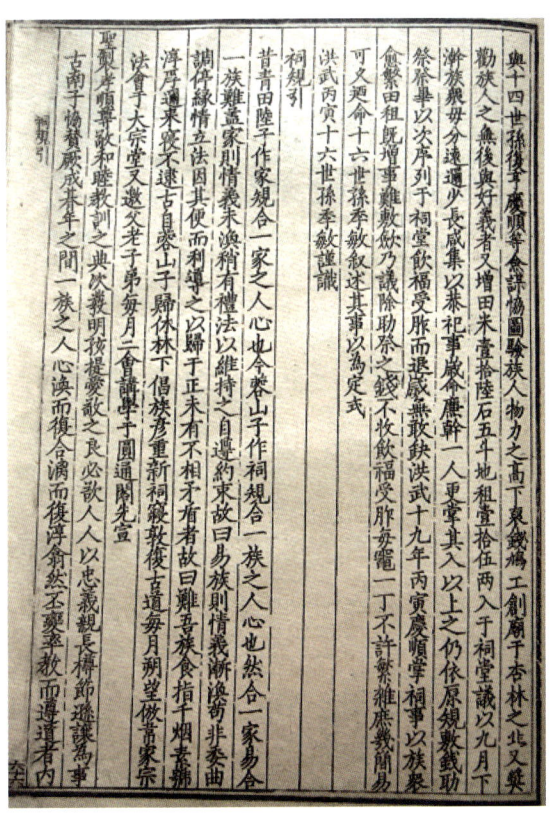

董极《祠规引》

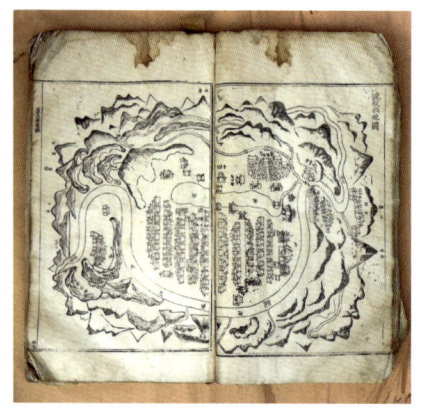 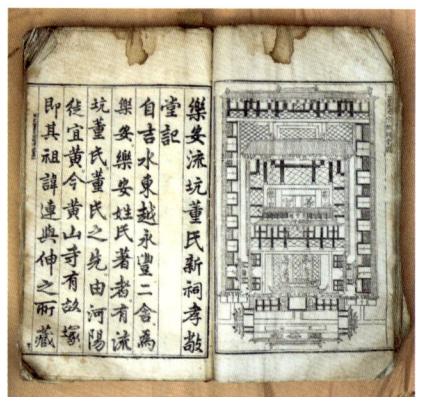

《董氏族谱》

这段话的大致意思是说,嘉靖时代的流坑董氏族大人众,风俗已渐不如原先那么淳厚。董燧归乡后,先是邀集族内精英重建了大宗祠,仿照故家世族的宗法之制,每月初一、十五大宗祠集会,此外又邀集族中父老子弟,一月两次会讲于"圆通阁",宣讲明太祖朱元璋的《圣谕六言》(即"孝顺父母,恭敬长上,和睦乡里,教训子孙,各安生理,毋作非为"),启发后辈"爱敬之良心",让每一个族人都知道忠义亲长、樽节逊让的道理。经过整整一年的会讲教育,流坑董氏人心由涣散而整齐,民风由浇漓而淳厚,呈现一派"率教遵道"的新气象。正是在这样一种背景之下,董燧进一步为流坑董氏立下了十四条祠规,并将其悬挂于大宗祠内的墙壁之上,以后又刊印在万历十年的《董氏族谱》之中,用来昭示族人,永远遵守。董极认为,这十四条祠规不但是董氏"体国奉公之道",还是董氏"安身保家、翼子贻孙之谋",应该"相与奉以周旋,世世守之"。

最能体现"体国奉公之道"的是董氏祠规中的第一条"遵圣训"与第二条"供赋役",其中"遵圣训"规定,每一季第二个月的初一、十五,在大宗祠里悬挂朱元璋的《圣谕六言》与孔子画像,全族老幼均会集于祠,先是宣讲《圣谕六言》的具体内容,然后再诵读《大学》一书的第一章,由族中的读书人对其进行讲解,并列举一两段古人孝顺父母与行善积德的事迹,最后再各自讲述日常的"修行""孝友""义利""伦理"等方面的表现,为的是使族众之间,能够"虚心商订,德业相劝,过庆相规"。

"供赋役"讲的是作为国家的编户齐民,必须"有田出租,有丁往役",这是奉公体国、为下奉上的本分,切不可"诡粮躲差,延捱拖负"。

第三条"崇礼教",讲的是"世以礼立教",董氏族人的冠婚祭葬,"皆有旧章可循"。特别是关于"婚礼"方面,董氏持之甚严。董燧针对当时有一些董氏子孙"贪利忍耻,将男女约婚小姓"的现象,认为这实在是有辱门庭与祖宗,必须予以"追谱黜族",并且规定,董氏男婚女嫁,所择人家必须是"乡中世姓,与凡清白守礼之家"。董燧还发现当时流坑的"祭礼",从大宗的时祭到小宗的各种祭祀,越来越趋向于奢侈,董燧认为"杀牲太多,浪费无益",应该"酌量多寡","享神散胙之外",如果"稍有赢余",就"积为义仓,以时给散"。

第四与第五条"敦俭朴""广储蓄"。董燧所处的明代嘉靖、万历时代,世风渐趋奢侈,当时流坑村董氏人家婚丧嫁娶,铺张浪费之风盛行,营造房屋,务求"金碧雕绘","衣服则绮罗,饮食则异品",董燧认为这些都过于奢侈,应该"共敦俭约,以复古道",江西地方土瘠民众,董氏更是"人稠地窄",如果不以节约为本,以后将何以为生?所以更要注

流坑村古巷道

重宗族产业的充实与拓殖。

第六条"息争竞"。董氏族大人众,"田土户婚不无争竞",内部矛盾纠纷在所难免。董燧回乡后,亲眼看见一些"倚恃富强,生事暴害"的事例发生。族众之间,"以酒食相雄者有之,诋骂尊属者有之,动辄持凶互相殴拒者有之","或一言激忿,亡身及亲"。有时一家起事,延及一房,各房之间,"群起帮扶",最终造成族内房派之间隔阂渐深。董燧认为,这些都是"蔑理贼义,终或杀身丧家"的行为,是"国法所不容,祖宗之阴殛者也","可不惧哉,可不戒哉"?所以董燧又规定,以后董氏族中但凡有争竞者,应该到大宗祠中评判是非,"是者直之,非者照条抽罚,不许紊烦官府"。如果有"凭势负气",不听调处,或者捏词诬告的,由"族正""文会""从公里究","鸣其是非之实"。

第七条"积阴德"。什么叫"阴德"?董燧认为是"阴行善道而不使人知也",用今天的话来讲,就是"做好事,不留名"。那么"积阴德"的具体表现是什么,董燧认为,日常生活当中,"存好心,干好事","见人有善,若己出之,惟恐取之有不尽","见人有恶,若己累之,惟恐改之有不尽","己之不欲,不敢施之于人;人之所欲,不敢夺之于己",这些都是"积阴德"。另外,"救苦怜贫,厚施薄取",当一个人有水火盗贼之灾,我们因其危难而施予救助,同时并不因此而对他讲什么条件。乡邻手头一时困窘,我们借钱给他周转一下,但并不因此而故意抬高利息,使他往后生活更加困难。这就叫"患难相恤,疾病相扶持",这些都是"积阴德"。反过来讲,有些人"反复险诈,变乱是非","大则使人成讼斗,小则使人费酒食",使人伤财破家。又或坑蒙拐骗,吞谋他人产业,大秤进,小斗出,"多取寡放",这些都是在"行恶"。小恶日积月累,也就成了大恶,必然会有丧家灭身的危险,"可不戒哉?!可不勉哉?!"

第八条"善贻谋"。董燧认为,孟子说的"君子创业垂统为可继者,以其能积功累仁也",指的是君子创建功业并将之留传给子孙后代,是因为他们积累起来的是功德与仁义。但后世却"以买田筑室为创业之功,以扬威立势为垂统之仁",殊不知,这样的理解,已经与孟子所说的本义相去已远,甚至是背道而驰了。董燧进一步指出,买田筑室,积累的是一时的财富,不是永久的功德;扬威立势,树立的是一时的威风,且多与"欺孤弱寡"相伴，积累的更不是仁义。如果将这种"创业之功""垂统之仁"留传给子孙后代，必然祸害他们。

第九条"修武备"，是流坑董氏祠规当中比较有特色的一条。原因在于董燧创立祠规之前不久的嘉靖四十年（1561），董氏大宗祠曾被钟凌秀领导的闽广农民军烧毁，董氏族人死伤众多。所以董燧认为有必要选择族中子弟有才智勇力者，教之习射，让他们走上武举应试的道路。此外，各房之内也要选择子弟义勇者，由全族出资聘请教师，"修戎器，习武艺"，这样，就能够使董氏子弟熟知兵事，"大则卫国保民，小则宜家保族，又何患大盗之为害哉？"

第十条"勤职业"，讲的是人生天地之间，一定要自食其力。董燧认为，董氏子弟"生而聪俊者"，应该"以读书业举为事"，"生而质鲁者"，则"以稼穑版筑鱼盐为事"，但不论聪俊还是质鲁，都要"各求生理，不许游手坐食"。董燧规定，董氏族人不得"为胥、为隶、为牙狯、为娼优"，因为这些都是贱民阶层所从事的职业，一旦发现，"定行黜族"。这项族规，也从另一个侧面反映出，流坑董氏自宋代以后，作为远近闻名的地方故家世族，一直十分注重维护和爱惜家族的尊严与名声。

第十一条"端蒙养"与第十二"宗正学"讲的都是董氏子弟的教育问题。董燧在大宗祠外建有"育贤楼"，左右各有"号房四楹"，作为孩童发蒙入学之地。"每岁延文义优长者为举业之师，行谊端方者为童蒙之师"，然后选择族中子弟之聪俊者，群而教之。"宗正学"，宗的当然是孔子之学。《大学》一书讲"明德亲民"，"止于至善"，董燧认为，修身立本，正心诚意，本立而德明，大治而民亲。自天子至庶民百姓，"一以是为宗，本末一贯"，所以要宗正学。

第十三条"禁邪巫"，针对的是当时乡村普遍存在的社会信仰问题。"楚俗尚鬼，自古为然"，乡村中的妇女尤其喜欢"媚神徼福"，但禁止师巫邪术，《大明律》中已有明令，所以董燧规定，今后流坑村中除了那些"禳火祈年、祷疾拔丧、费不甚重"的活动，可以"姑顺人情"举行，其他的"修炼超荐，颂经忏罪，咒诅等事"，则一概要予以禁止。特别是那些"僧道异流"，更不许他们进村入户。

最后一条祠规，叫作"禁仆佃"。流坑董氏作为历史悠久、声望卓著的地方大族，掌握了众多的田地山林资源，流坑周边的小姓人家，多为董氏的佃仆（既为佃农，又兼仆隶），他们与董氏之间，既是佃农与地主，又是仆人与主人的关系，身份等级鲜明。但董燧却发现，当时的一些董姓将一些佃仆"倚之为牙爪"，任由这些佃仆欺凌董氏亲族。同时，一些佃仆人家，有时听了一些"奸火鼓煽"，也敢于"负租抗主"，尾大不掉。所以董燧认为，对这些佃仆必须"各宜以礼禁谕，令其安分乐业为当"。如果碰到那些"强奴悍仆，恣为跋扈"，其主人又不能加以约束，则必须将这种情况呈报到大宗祠，以便动用宗族的力量，"公同处治"。

《董氏大宗祠祠规》是明代嘉靖、万历时代流坑董氏家族建设的理论宣言，也是以董燧为代表的家族精英治村治族的基本方略，对后世董氏家族的发展影响至深。仔细阅读与揣摩这十四条祠规的具体内容，人们可以深切地体会到一个自北宋时代即已发展壮大的经济强族与文化大族，在明代嘉靖、万历时代所面临的许多具体而细微的问题。无怪乎董极在《祠规引》文末部分要特别强调，这十四条祠规不但是董氏"体国奉公之道"，还是董氏"安身保家、翼子贻孙之谋"，因而需要世世代代遵守不替。

第二章 传世有方——家训与族规　053

笃忠贞
崇礼义

婺源县
汪口村

江西省国家级历史文化名村
江西省省级历史文化名村
中国传统村落

　　没有城市的绚烂灯火，也没有城市的喧闹杂乱，有的是山明水秀，有的是保存完整的古村格局，有的是村落与山水的和谐统一。青山绿水环绕的汪口村，历经千百年的风雨，也没有失去固有的古朴与典雅，家规祖训依然在现代社会流光溢彩。

　　汪口村坐落于美丽的婺源县江湾镇。北宋大观三年（1109），婺源俞姓始迁祖俞昌的第九世孙、宋朝议大夫俞杲由陈平坞"辟居汪口扁溪，墅

婺源县汪口村

曰'永川',分命五子治五宅,浚五井,以日月光天德为号,是为汪口一世祖也"。俞杲取《诗经·周南·汉广》"江水永矣"之意,"永川俞氏"就是汪口俞氏,亦即是俞杲的裔孙,"永川"就是汪口的代名词。又因村落三面临水,四周群山环抱,村前江湾水、段莘水在此交汇,两河汇合口的西岸平地,原先即属于汪家的产业,故名"汪口"。

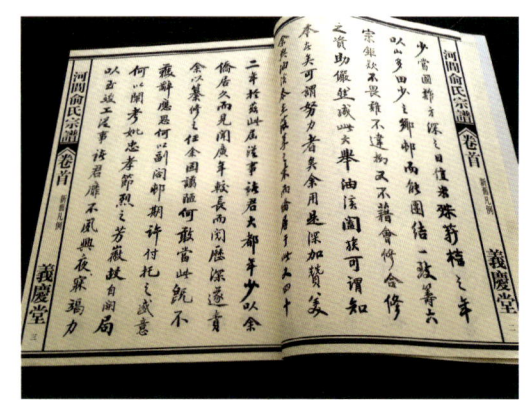

汪口村永川俞氏宗谱

自宋代以来,汪口村人文蔚起,汪口村经科举中进士者有14人,出任七品以上官员74名,著书立说,以斐然文采名于世者9人,著作达27部。此外,汪口村还走出了一大批服贾四方的商人,以及精杏林、工篆刻、擅书画的名士贤达。

辉煌灿烂的汪口历史文化,与汪口俞氏的家族发展紧密相关。汪口俞氏的成功,很大的原因在于其系统的俞氏宗祠祠规和宗族族规。俞氏宗祠祠规共有640字,内容涉及祠堂祀典的定额、祭仪,祠堂的整洁修饰、检盖修整,祠内银谷钱息的经营,祠堂内的礼法罚处,祠堂桌凳碗盏器皿祭点的查收,族长、房长董正一族的议立,祠内不法犯义、败伦坏纪之事的戒警处罚。

汪口俞氏的宗族族规更是展现着汪口俞氏至今依旧繁荣昌盛的秘诀。汪口俞氏宗族族规共有十三条:笃忠贞,孝父母,睦兄弟,敦唱随,全恩爱,修坟墓,勤生理,崇礼义,恤贫困,安己分,彰公道,敦俭朴,崇节孝,规范了世世代代的每一位汪口俞氏族人。

俞氏族规的第一条叫"笃忠贞",强调的是对国家与君主的忠诚,因为"民生于三,而君成之",作为士人,"既邀恩遴选","当思循良报效"。如果只是一般的庶民百姓,也应该"早完国课,踊跃赴公,毋干法纪"。

第二至第五条族规强调的是家庭内部伦理。首先是"孝父母",父母生我养我,辛苦备至,恩比天高,为人子者,即使"朝夕奉养无违",也难报父母恩情于万一,又怎么能够做出对父母不孝不敬的事情来呢?所以族中一旦发现有对父母不孝,"无知不顾天伦者","各房内必先严惩,如怙恶不悛,公同票究"。

其次是"睦兄弟"。"同胞之爱，如手如足"，"倘因一时嫌隙，遽尔骨肉参商，甚至争论不休，仇雠相视，是以小忿而废懿亲，匪惟士林所不齿，亦宗族共含羞也"，所以一门之内，兄弟之间，务必和睦相处。

再次是"敦唱随"。讲的是夫妻相处之道。"闺门和顺，致祥之由"，如果妻子"不敬公婆，不和姑嫂"，作为丈夫必须"急宜严诫"，"或斥归母家，俟其悔思"，如果女方娘家"不明大义，反纵与本夫为难者"，那么就要由族长出面，"公惩悍妇"，如果是丈夫蓄意纵容妻子，丈夫也要一起接受责罚。

最后是"全恩爱"。讲的是妻子早亡，男人续娶对于后妻的制约。人生在世，"无父何怙，无母何恃"，所以男人续弦，"多为抚育前妻子女计也"。如果后妻生性刻薄，虐待前妻所生子女，"致伤天性之恩"，那么作为丈夫，必须"委曲开导，使母尽母道，恩斯勤斯，子亦尽子道，起敬起孝"，这样才能够母慈子顺，"一门衍庆"。

俞氏族规的第六条是"修坟墓"。去世的祖先，"神在室堂，形归窀穸"，所以"祖宗坟墓无论远近，每岁清明挂扫，必须剪除荆棘，或有扇塌之处，急宜培补，致使枯骨暴露，惨目伤心。至七月中元焚包荐新，又一报本道之遗意耳"。

俞氏宗祠

第七条叫"勤生理",讲的是养家糊口的道理。"居家之法,耕种为先,其次工商末艺,亦足起家",如果"不务生理,闲游赌博,势必流为无赖,及至一败涂地,岁月蹉跎,悔无及矣",所以做父亲、做兄长的,有责任劝诫子弟,切不可让他们"日荒于嬉,毫无职业"。

第八条叫"崇礼义",讲的是读书明礼知义的重要性。族内子弟,若有资质俊秀,长于诗书者,就要着力予以栽培。哪怕是那些弃儒从商、"资禀椎鲁者",也必须"从师教训,令其识字明理,彬彬有儒雅风"。古人说"读而不耕,则衣食不足;耕而不读,则理义莫兴"。如果"徒务封殖,不事诗书",只知货殖,不知礼义,也将"深为识者所鄙也"。

第九条为"恤贫困","鳏寡孤独"四类人,最为穷困,尤其可怜,因而需要族人的特别帮助,"以救其生,以解其厄"。朋友之间,尚且有互相接济,互通有无的"通财之谊",倘若只是坐拥余财,对那些需要帮助的族人漠不关心,"秦越相视",又哪里有什么族人之间的道义呢?所以族人之间,一定要互相救助,"相维相系",这样,族内"太和之气可坐待也"。

第十条为"安己分"。即遵纪守法,如果有族人"不安分守己,借端滋事,以及酗酒逞凶,恃强凌弱,肆行无忌者",族内要"先以家法治之,俾知改过自新","如仍蹈故辙",则要"公同禀究,决莫构和,致滋后累"。

第十一条为"彰公道"。讲的是"户首"负责族人之间矛盾纠纷的调处,一定要能够公平公正,"不论贫富,不论亲疏",更不可"挟私嫌而藉以报复,不可图利而颠倒是非",而要"务加察实再三,平情劝谕,自然解散"。如果有所偏袒,另一方自然不服,最后"闹到公庭,浪费家货,两败俱伤","是彼此皆为我所害矣"。倘若双方日后重归于好,必然将一时之是非,"尽归我一人之播弄,其怨我何极,有不暗寻事故报复于我者乎"?

第十二条为"敦俭朴"。冠婚丧祭,所需费用,一定要"称家有无",量力而行。如果"务以奢华,以壮观瞻",恐怕以后就会"相沿为习,必不惜物力维艰"。古人说得好,"由俭入奢易,由奢入俭难",所以一定要量入以出,这样才能做到"家财恒足"。

最后一条叫作"崇节孝",主要针对的是那些丈夫早亡,却能够"力能守节,冰洁自持"的女人。如果她还能够"上事翁姑,下抚子孙,以继

义仓门楼

丈夫志,以为宗族光",那么房族就有责任向地方政府汇报她的事迹,从而能够得到官方的旌表。如果守节之人家计维艰,那么全族之人也应该"捐金帮助","庶潜德无不发之光矣"。

以上十三条族规,讲的都是俞氏族人为人处世的基本道理,处理的都是一家之中、一族之内人与人之间最基本的关系,因而显然特别"接地气"。而且,汪口俞氏的上述族规,并不是流于纸面,而是付诸具体的实践。其中特别值得一提的是汪口俞氏商人对于慈善事业"义仓"的支持。

道光元年(1821),汪口茶商俞澄辉捐银1600两,置买田产,然后收租粮进仓,创建义仓,扶危救困,赈灾济荒。"一花引来万花开",之后俞氏富商纷纷捐银。鼎盛时期,汪口义仓远至江西的万年、乐平等县置田产,分别在当地设有"裕丰庄"和"乐丰庄"。俞氏族人积极救济孤寡老人，规定"每日半升（约0.75市斤）孤老粮"，每年最多不超过三担六斗（约390市斤）。每月还要向孤老提供三斤油、1斤盐。此外，义仓在端午、中秋、春节也要给孤寡老人送三节礼，使孤寡老人也能享受到与村中普通百姓一样的过节乐趣。

汪口义仓的管理手段很严格。义仓的管理者称为"仓首"，仓首分别由"天、地、人、和"等四众屋族长按年轮流担任。每年新老仓首交接班时，交班的老仓首要公布一年来义仓的收支情况，必须货款相符。接班的新仓首，则要向俞氏宗祠"祠首"交足相当于当年全部粮租的现洋，或等价黄金以"积仓"。所谓"积仓"即"押金"或"保证金"，一是防贪污，若有贪污，以"积仓"予以惩处；二是若因管理不善造成亏空耗损，以"积仓"做赔偿。存了两年以上没有用完的粮食，则要以陈换新。

汪口俞氏的家训族规，不是高不可攀的大道理，不是不可实现的幻想，而是俞氏家族发展壮大的指路明灯。

崇文重教 济家报国

南昌市 新建区 汪山村

江西省省级历史文化名村
中国传统村落

鄱阳湖滨，赣江西岸，白马渔舟，冷溪古渡，修水的支流蚂蚁河流经赣江西汊，在大塘地区汇聚，宛若一个隐蔽的港湾，汪山村便坐落于此。一条条古巷，不知走过了多少人的脚步，也不知承载了多少人的家乡记忆。高大的门楼似乎还在讲述着过往的辉煌，墙角的斑驳记录着历史的沧桑。

汪山村位于南昌市北郊45公里处的新建县大塘坪乡境内，至今已走过千年的风雨，北靠修水支流蚂蚁河，南临万亩良田，土质肥沃，人们世代在这里居住、耕种劳作。一方水土养育一方人，而这一方人又造就了汪山土库的灿烂辉煌。

明朝弘治年间（1488—1505），汪山程氏先祖玉瑑公迁居大塘汪山。玉瑑公在双湖边以养鸭、种田为生，秉性忠厚，乐善好施，被称为"鸭太公"。积善之家，必有余庆。程氏后人一边以种田养鸭为生，一边矢志诵读，逐渐在科举考试上崭露头角。清代嘉庆年间，程氏家族在科举考试中大获成功，其中程矞采、程楙采、程焕采兄弟三人先后中得进士，并入朝为官，且于道光朝分别官至湖广总督、江苏巡抚、安徽巡抚，呈现"一门三督抚"的盛况，当地人形象地称他们兄弟仨为"三个大红顶子"，程氏家族一时风光无限。道光元年（1821），程矞采、程楙采、程焕采兄弟三人集资，在汪山冈开基建宅，此后历经半个世纪的建设，最终为世人留下了一座建筑艺术的瑰宝，这便是著名的"汪山土库"。

《程氏宗谱》

清嘉庆至宣统的一百多年间，汪山程氏人才绵延不绝，共出了举人11名、进士4名，各部各省官员百余名，受封为"总督""尚书""一品夫人"的有十几位，成就了当时大塘"一门三督抚，五里六翰林"的程氏家族辉煌。

"耕读传家久，诗书继世长"。土库程氏家族的崛起与教育密不可分，他们极其重视本族子弟的教育。孩子到了五六岁时，就要给他举行"破蒙礼"，并进入家塾接受教育。"破蒙"仪式一般由族中学历最高的人和家塾先生共同主持，孩子首先要给先生叩头行拜师礼，然后由族中高学历者或先生指导他握笔，并教他写出自己的名字，这就算仪式的完成。本族子弟自破蒙之日起，就要按照家塾的规矩接受教育，不再是孩童了。

程氏家族对教育的重视不仅仅局限于本族子弟，他们的私塾学堂惠及整个汪山村的居民和整个大塘地区的程姓子女，甚至大塘地区他村他姓有培养前途的孩子、土库中下人的孩子也可免费入学。程氏族人还组织"宾兴会"，管理北京的新建会馆，为新建县举子进京科考提供资助和便利，创造了一个重教崇学、文风兴盛的大氛围，久而久之便形成了传统，成为汪山土库程家兴旺发达，长盛不衰的动力源泉。

重教之家，必行尊师之道。程氏家族曾多次不惜代价聘请名师。程矞采的父亲程楷多次携带矞采三兄弟在名师程聘野的家中拜访求教。程聘野是程氏恭房人，一生以教书为业，他为人正直，博学多才，文品俱佳，其诗文远近闻名。程聘野最终为程楷的人品和诚心所感动，正式收下矞采三兄弟为学生，对他们耐心指导、严格管教。在他的悉心教导下，程矞采三兄弟的学业突飞猛进。

后来，程聘野因病早逝，矞采三兄弟痛失良师。程楷又不惜代价，带着程矞采三兄弟到金桥牛头山半云庵，拜熊豹文先生为师。熊先生不仅饱读诗书、品德高尚，而且武功也很高强。三兄弟在读书期间对熊豹文先生毕恭毕敬，老师的一言一行他们都看在眼里、记在心里。熊豹文的言传身教，使程氏三兄弟文武兼修，受益无穷。后来，程氏兄弟学有所成，为官在外，每次返乡都要备上厚礼拜见熊先生，年年给其以经济资助，交代族人呵护熊氏族人，并且出资为熊先生做了一幢九柱落地的大土库。

利济家族，报效国家，一直都是程矞采三兄弟为学做官的初衷。三兄弟做官后，积极支助父辈坚持了多年的义举，置义田，建义仓，办义学，为国出力，报效国家。通过购买义田，三兄弟把收获的谷物放入义仓，一部分发给族中鳏寡孤独者，一部分用于办义学，供学子们免费入学读书。他们规定程氏子孙都要进私塾就读，只要愿读，可一直读到考取功名。

程氏家族修建的义学最初设在大塘程氏祠堂，后来汪山土库建成后，改设在稻花香馆，又在土库内增设"望庐楼"，供程氏子孙读书写字。稻花香馆，东边有住房、餐厅、伙房；西边是授课场所，内有六间教室；厅堂挂有孔子画像，下面的大厅两旁是《论语》和理学名言及朱熹所订"白鹿洞学规"。

除了利济家族教育，他们还勇于为国出力。程矞采（1783—1857）是大塘汪山土库"三个大红顶子"中的老大。1838年，程矞采调任江苏布政使，代理江苏巡抚。鸦片战争爆发后，英军从广东沿海北上，向闽浙一带进攻。为防止侵略者从长江入侵，朝廷正式任命程矞采为江苏巡抚，筹划防范事宜。1843年，吴淞口、镇江相继失守，程矞采以"疏防革职留任"，改任山东巡抚，后转调广东巡抚。到广东后，积极修筑虎门炮台，施行"屯田举兵"，受到朝廷表彰。

程焕采（1787—1873），是其中的老二。1848年，程焕采升任江苏布政使，不久奉旨代理江苏巡抚。数月后，江苏饥荒，他主动带头捐献银两，又通令各州县，将亲临勘灾。在江苏担任巡抚期间，他努力革新地方吏治，赈灾抚民，兴利除害，政绩卓著，受到老百姓的拥护和爱戴。

程楙采（1789—1843），是汪山土库"三个大红顶子"中的老三。1836年升为安徽布政使。当时正值长江洪水泛滥，安徽宿松县的康公堤是赣鄂皖三省保障，而这条堤已多年失修，程楙采日夜亲临指挥抢险救灾、维修堤防，多方集资筹银，未向当地人民摊派，百姓非常感激，遂立石碑，改此堤为程公堤。1839年，程楙采升为安徽巡抚，兵部侍郎、都察院右副都察兼提督。鸦片战争时，他向朝廷上奏《防夷务练水勇疏》指出："海疆要著，莫亟为募练水勇，酌减客兵。"当时安徽的兵勇多调浙江，程楙采下令在当地招募民兵进行训练，作为补充，防止英军入侵。后来，江宁告急，他立即赶赴芜湖，勘察地形，招兵防堵，并选择险要地形埋伏兵勇，抗击入侵英军。

崇文重教、报效国家已成为汪山程氏长盛不衰的动力源泉，并深深影响着程氏后人。民国期间，程氏家族涌现出了大批政界要人和文化名人。程矞采的曾孙程天放，不仅是国民党政府要员，同时还历任浙江大学校长、驻德大使、四川大学校长。程焕采五世孙程懋筠是著名音乐家，1928年10月应征国民党党歌，他谱写的曲谱中选，成为《"中华民国"国歌》（又名《三民主义歌》）的作曲者。程时煃、程时玠两兄弟先后担任教育厅厅长和建设厅厅长；程懋型担任田粮处处长，是财政系统中最重要的职位，相当于财政厅厅长；而另外一个民政厅的厅长也是土库程氏的女婿。有学者指出，江西民国史离开土库程氏便无从谈起。

程氏家族以教育起家，亦以教育维持家族的兴旺。族谱家规铭刻着汪山土库的文化传承。而今在土库南面历经百年依然矗立的金鸡旗杆，详细地记载着每一位取得功名的家族成员，安详地守护着这一方热土，承载着过去，也昭示着未来。

力田勤书 耕读并重

都昌县 鹤舍村

江西省省级历史文化名村
中国传统村落

"涉园不成趣,矫首眺晴氛。薄黯交新月,空青放嫩云。"古朴秀丽的鹤舍村坐落于都昌县苏山乡,始建于东汉末年,迄今已有1800多年历史,居住着两百多户,人丁近千,为单一袁姓村落。

鹤舍源于一个美好的传说。相传东汉时期的鹤舍周边荒芜,善者在路边建造了三间茅屋以便行者逗留,此舍历经多载犹存。时至东晋,茅舍对面的元辰山来了一位叫苏耽的人。苏耽寓居于元辰寺,止息炼丹,得道成仙。元辰山故得名苏山。苏耽又名苏仙公,少丧父,事母至孝。有一天他把寺内打扫干净,母问其故?耽曰:"我仙道已成,天帝来召。"母曰:"尔成仙后,谁来养我?"耽指一木柜说:"母所需要的东西里面都有。"又曰:"明年地方上要发生大疫,母可取庭前桔树叶和井水煎汤以救。"随后,有白鹤数十降于门,苏耽即乘鹤仙而去。不久,地方上果然发生瘟疫,苏母按苏耽所说,救活了许多乡民。多年后某日,有白鹤来,止于舍屋楼上,人或夹弹弹之,鹤以爪攫楼板,似漆书云:"城郭是,人民非,三百甲子一来归,吾是苏君弹何为?"故此,舍屋便得号为"鹤舍"。

明朝天顺年间(1457—1464),袁崇美公领子孙卜地择基,见此处地势平坦,四野开阔,村东田地垄坂,村南小溪曲水,村西山峦叠翠,村北古木参天,为一处风水好地,于是开基建屋始成村落。几百年来,鹤舍袁氏族群生息繁衍,成为当地一大族群。袁氏族人巧妙运用道家"道法自然"的思想,因天时,就地利,以一条溪水为"玉带"分割界线,犹如太极两仪,南开田园种植,北建村落居住。村西兴建学堂,教育子孙。村里更是遵循着千百年不变的规矩:建新宅不拆老屋。后裔有诗曰:"自然保护未成文,后裔循规代代珍。画栋雕梁千古秀,深藏幽韵醉游人。"正是鹤舍村人对先人的敬畏之心以及对家乡的爱护之情,使得鹤

鹤舍村街景

舍村能够平静祥和，古朴宁静。鹤舍村古民居的建筑形式、构造和装饰具有地方特色，在日积月累中沉淀，散发出浓郁的乡土文化气息。

鹤舍袁氏始终秉承"力田勤书""耕读并重"的优良传统。说到此处，村中人拿出《袁氏族谱》，其中族谱所载家则曰"无价宝,振家声,还是读书"，这时袁氏族人骄傲地向世人述说着"汝南世家""卧雪家风"的优良传统。祠堂门上悬挂"汝南世家"匾额，大门两侧则分别写着"卧雪"和"家风"墨迹，彰显袁氏家族悠久的历史和悠长的家族文化。这两块匾额，是整个家族的标志，代表着族源、血统历史和荣誉。据晋周斐《汝南先贤传》记载，有一年大雪，积雪很厚，很多人外出乞食，唯独袁安僵卧在家里不起，洛阳县令按户巡查至袁安家门，发现大雪封门，无路可通，洛阳令以为袁安已经冻馁而死，便命人凿冰除雪，破门而入，但见袁安偃卧在床，奄奄一息。洛阳令扶起袁安，问他为什么不出门乞食，袁安答道："大雪人皆饿，不宜干人。"即大雪天人人皆又饿又冻，我不应该再去干扰别人！洛阳令嘉许他的品德，举他为孝廉。从此袁安入仕途，先后任职，吏人畏而爱之。明帝时因政号严明，断狱公正，京师肃然，名重朝野。后历任太仆、司空、司徒，成为汉室社稷之臣。和帝时，窦太后临朝，外戚窦宪兄弟专权操纵朝政，民怨沸腾。袁安不畏权贵，守正不移，多次直言上书，弹劾窦氏种种专横。其子孙世代任大官僚。"汝南袁氏"成为东汉有名的世家大族。鹤舍以繁衍"汝南世家"为荣,以继承"卧雪家风"为训,袁氏奉"耕读为身家之本",教育子孙力田勤书,始终以先祖袁安公为启示后裔之典范。

鹤舍袁氏力耕不忘业儒,十分重视教育,成村伊始就办起了私塾。清初,为了满足本村子女就读,亦方便外村外乡人求学,家族投资盖了一栋学舍,取名"浣香斋"。清光绪年间,胡雪抱在浣香斋教书多年,有在"浣香斋"完成的诗作:"幽绪百纷纭,深情怅碧雯。落花殇侍女,垂柳腰征君。品类都生意,精魂有大群。好风弥可感,浑带古琴熏。"

"浣香斋"学舍为四合院式结构,中间一个大天井,二层跑马楼,砖木结构,门窗雕花饰纹,可容纳200名学生就读,给人庄严肃穆之感。建成后吸引了乡内外学童入校求学,培养了一批批优秀人才,书香门第因此成为鹤舍村的雅称。据族谱记载,清朝时期,村里的国学生20多位。

"耕读传家"没有因为民国乱世而结束,反而增添了不少光彩,培养出一大批近代有识之士。民国江西省政府主席曹浩森,本为都昌周溪镇人,也曾在浣香斋读书,并得到鹤舍村民袁成英的资助。国民党上将刘士毅因其姑母是袁成玥夫人,曾借住村中,并在此读过书。日本早稻田大学毕业的袁训芷,历任江西教育厅咨议兼视察省会平民教育事宜,曾出任多职。北平清华大学肄业的袁成琬,历任江西义务女子学校校长,景德镇二等模范学校教员。鹤舍村的闻人更多的是在军政领域,考取军校,在国民党内任职的将、校级军官有十余名。群体性军政人员的出现,也进一步说明鹤舍村注重宗族和血缘,把扶助亲族,拉拔亲戚当作尊亲的道德习俗。

鹤舍村袁氏事耕重儒业,在商业上也有极大的发展。《景德镇陶歌》曾记载:"江南雄镇记陶阳,绝妙花瓷动四方;廿十长街半窑户,赢他随路唤都昌。"由此可见都昌人在景德镇陶瓷业中的重要地位。鹤舍袁氏跟随乡亲去往景德镇谋生的也为数不少。其中袁藩杰靠卖豆腐勤俭起家后,跟随乡亲去往景德镇做瓷器生意,渐渐成了瓷业的行家,生意做得非常红火。其后,其次子袁绍起继承其事业,并善于学习、钻研经营,生意规模日益扩大,将瓷器生意发展到拥有七间瓷窑加数十间店铺和坯房的规模。在他的带动下,村里很多人到景德镇从事陶瓷业。如袁绍河,在景德镇开了一间袁记义兴瓷窑,其子孙也一直从事陶瓷业。民国时期,其孙袁训荡

袁氏宗祠

和袁训巍还将瓷器店开到了南京。据说当时南京只有三家瓷器店，袁氏占两家。鹤舍人在外经商的成功，使得村落建设和族人读书应举也有了坚实的物质基础。村中许多古建筑用料上乘，雕刻精美，而且内部装饰华丽，没有经商致富的雄厚经济实力作为支撑，是不可能做到的。

家训是每一位袁氏族人的行动标尺。《袁氏家则》里提到"务孝悌"，"往古来今，唯孝悌两端乃立业传家之本，斯二者根底至性不必远求。""安望兴家创业令闻长世乎，凡我宗族亟宜猛省。"袁氏家训植根于每一位袁氏子孙的内心深处，他们经商致富后，大多反哺家族，投资公益性事业，或分产析业，或赡养父母及直系亲属等。袁宗本生有袁藩俊和袁藩杰两子，袁藩俊又生有两子，袁藩杰生有四子。一直未分家，同住"老屋堂"。随着人口快速繁衍，家族愈加庞大，一栋老屋无法安置整个家族居住。袁绍起遵照家则，根据其父的叮嘱，在生意做大以后反哺家族，平分家产，为家族建房，建好以后还由同父异母兄弟们先挑选房子，对家中子弟资助和提携。其他族中凡愿意经商者，袁绍起也都出资帮助、出谋献策，族中有不少家境贫穷的人在他帮助经商之后，都成为族中富人。

孝悌耕读的家训，承载的是鹤舍袁氏对于安家乐业的向往，表达出袁氏族人的团结睦族，对于知识的追寻，对于祖先的敬畏。那幽深的古道与村庄融为一体，鹤舍村民的生活如同静谧的明月，看尽岁月浮沉，洗尽红尘铅华。

孝悌忠信 循之者吉

婺源县 理坑村

江西省国家级历史文化名村
江西省省级历史文化名村
中国传统村落

山川秀美，人杰地灵，规模宏大的明清古建筑群位于青山绿水环抱之中，粉墙黛瓦，参差错落，青石甬道，满载岁月的印痕。这就是理坑，一个充满古香古色气息，犹如一幅淡雅山水画的美丽村庄。

理坑村位于江西省婺源县北五十公里的沱川乡。婺源县处于崇山峻岭之中，是一个"十家之村，不废诵读"的著名"书乡"。历史上，婺源人喜好读书，"虽十家村落，亦有讽诵之声"。在清末科举停废之前，婺源县"应童子试者，常至千数百人"。同时，婺源又是我国南宋著名哲学家、教育家朱熹的故里。自宋以来，集儒学之大成者朱熹所建立的理学体系，不仅"操纵中国哲学、教育、礼制等凡七百年"，而且"支配日（本）、朝（鲜）之文化亦数百载"；尤其在明、清两代，更是被封建朝廷奉为儒学圭臬。这里向来重视教育，读书风气甚浓，"为书舍，为斋轩，则弦诵声相闻"。

东汉末年，理坑的余氏先祖从中原迁出，几经辗转，于北宋末年，余初阳迁入婺源。从此余氏开始在婺源地区不断壮大，繁衍生息。传至余道潜，在宋宣和庚子（1120）隐居沱川篁村。明初，后世子孙余景阳一支由篁村迁居理源，成为理源余氏的始迁祖。

理坑建村至今只有600余年，但自从余景阳迁居此地之后，余氏"丁财渐旺，人文顿开""书香不绝，宦简联芳"。晚明以后，理坑村先后出过工部尚书余懋学、吏部尚书余懋衡、兵部职方司督捕主事余维枢、广州知府余自怡等高官。至清康熙年间，举人余光耿题"理学渊源"匾，后遂

"理学渊源"石匾

据此改村名为"理源"。

理坑余氏科举上的成功,与余氏重视教育息息相关,余氏历600年风雨,大族地位长期绵延不坠,则要归功于余氏家族立下的家规族训,这其中,生活于明代嘉靖至万历时代的余懋学居功至伟。

余懋学(1539—1599),字行之,号中宇。明嘉靖甲寅(1554)举人,隆庆戊辰(1568)进士,授江西抚州推官,因断案如神,望重一时。万历癸酉(1573)召入京都,进为南京户科给事中,《明史·本传》称他"夙以直节著称"。后历任太仆寺少卿、光禄寺卿和通政使,南京户部右侍郎。致仕之后居乡6年,于万历二十七年(1599)逝世,朝廷下旨赐祭葬,追赠"工部尚书"。天启初年(1621),又追谥"恭穆"。

余懋学在家族历史上第一次制定了本族的族规家法。在《沱川余氏宗谱·礼俗·乡约》中,开篇就是由余懋衡手书的《圣谕衍义》,将明太祖朱元璋"孝顺父母,尊敬长上,和睦乡里,教训子孙,各安生理,毋作非为"的"圣谕",视为金科玉律,要求族众一切必须按照"圣谕"行事。

在余懋学之后,余懋衡又作有《劝戒三十一则》,详细规范了余氏族人的为人处世准则,其中的一些劝诫,今日读来也极有警醒作用。

比如讲儿子儿媳孝敬父母公婆:"子妇善事父母舅姑(注,妇称夫之父母),一家大小,各得其分,其家必兴。"但如果"诼语反唇,弗祗父事",则将"大伤亲心,其家必败"。父母不在人世,做兄长的"若能父母之爱以抚父母所遗幼子",勿使其"饥寒衰落",那么这样的仁厚之心,不但"乡党州间敬之",天地鬼神也会"阴佑之"。

又比如对于幼孤之人的怜惜体恤:"慈幼恤孤,圣有明训;孤子弱支,尤宜悯恤。"如果父母不在,做哥哥的抢夺年幼弟弟的产业。兄长不在,做叔叔的侵占侄儿的田产,那么这样的人又有"何面目见祖考于地下也"?余懋衡认为,同族之内的孤寡之人,尚且希望得到族人的帮助,何况一家之内的骨肉至亲呢?所以"克孤凌寡",是"自消其福";"恤孤怜寡",是"自厚其福","天道不爽,各宜省悟"。

如果一户人家,家门不幸,出了个败家子,"好嫖、好吃、好穿、好赌、好鹰犬、好鞍马、好趁戏、好踢毬、好打拳、好供雀鸽、好买古董、好筛土木、好狎狡童、好昵邪伴等","事皆足以倾家破产,致令父母无养、妻子无依、祖宗无祭、自身无下梢",对于这种"乡里间第一昏愚之徒",应该怎么办?余懋衡认为,应当及时"匡救之,必令回头乃已",而不能"勾引帮闲,煽惑为非",更不能"蛊伊结债,勒伊写产","以攮厚利于己,而贻大害于人",如果真是这样,败家之子,与蛊惑之人,应当"一并呈治"。

力行节俭,日食其力。余懋衡认为,"布衣蔬食,于身心、家世殊觉有益","人家子弟,不可悦华美之服,嗜甘脆之味,恐养成骄态,为害匪细"。一个人劳作一天,自然就可以免一日之饥,如果生性懒惰,一味"贪恋酒肉、甘为鼠窃","自罹罪罟",那么他的父母与兄长,必然会因为有这么一个儿子和兄弟而感到羞愧不已,这又是何苦呢?如果他不但不思悔改,反而"浸假行强",弄得最后身首异处,那才是一件令人感到悲哀的事啊。其实,"耕田、手艺、佣工、治圃","何事不可度活"?何必非要自甘下流,最终断送了性命?"戒之!戒之!"

各操其业,各司其守。乡下百姓,有供役于官府衙门的,"如吏书、门听、差农民及皂快、禁子、应捕、弓兵、铺兵、渡夫是也",虽然"所事不一",但都应当"小心守分,慎勿放胆妄为"。如果"舞文弄法,生事害人","万一官府闻知,小则责革,大则徒戍,身且挂网,何暇顾家"?

抵制邪教,拒绝庸俗。余懋衡回乡居家的时候,理坑地方已有白莲教势力的传播。余懋衡认为,白莲教是一种"无为邪术,皆起于宵小之徒,三五结聚,假以建斋作醮、忏罪超生之说,煽惑愚氓"。其中乡村妇女最容易被煽动蛊惑,原因是那些"尼姑、斋婆出入无禁,多方哄诱故也"。妇女们一开始"念佛不已",后来"必至拈香",再后来"施财不已",最后"必至拜僧,祝发沙门、簪冠道童或寄子僧道,因而岁时馈献,皆渐所必至",真到了这一步,也就"廉耻尽丧,风化大坏"了。所以余懋衡规定,"今后尼姑不许住乡村,斋婆不许入人家,左道乱民,律有重典,各宜儆省,无贻后悔","一切外来募化僧道,多属奸细,各店不许容歇,犯者呈治"。此外,乡间上演的各种杂剧,老百姓"聚观长夜,不但縻财废事,且为奸盗之媒",余懋衡也规定,"今后不得无故科敛搬戏",特别是那些"目连""鬼戏""西厢"等项"淫戏",更加应该"严行屏绝"。

最后,余懋衡还在《沱川余氏宗谱·祠规》中再次强调:"孝悌忠信,乃生人大闲(注:基本的行为准则),循之者吉,凡我同族宜勉;奸盗诈伪,乃圣世戮民(注:受过刑罚的罪人),蹈之者凶,凡我同族宜戒。"

过去,理坑余氏就是靠着族规家法和这些戒条,管理着族众,规范着村人的行为。对于触犯族规家法的极少数不良者,将根据犯错轻重分别予以"斥责训诫""曲膝罚跪""祠堂笞杖""经济制裁""革出祠堂"的惩处。

为了使族众遵守族规家法,按照族规家法的要求做人,依照族规家法的规定处事,理坑余氏非常重视族规家法的宣传工作。《沱川余氏宗谱·礼俗·乡约》在《约仪》中规定:"每月十五日卯刻,约正、副,党正、副及各甲长传知约内诸执事及约众,齐诣约所讲约,凡在家者必赴。预行洒扫,设恭奉'圣谕牌'、香案、香烛及讲案、讲鼓并椅凳。辰刻,轮直甲长击鼓三通催集。"宣讲以明太祖《圣谕六条》(亦称《劝民六条》)为主要内容。参加讲约活动的"乡绅、约党及约众,俱着本等服色",讲约"自始至末,不许科头、赤脚、露体之人与跟随厮养上堂,混者约纠驱逐

沱川余氏宗谱

约外"。讲约过程中,毋得大声喧嚷,须整肃恭听,"违者约纠纠出,量行戒责"。讲约之后接着是"静听读律"。讲约读律完毕,村民可就约内近日有真善事应书示劝、有不善事应书示戒,出班北向立言公举(报),然后由约史分别记入"彰善簿"与"纪过簿",彰善惩恶,有赏有罚。最后,乡民有"愿歌诗者,歌《国风》《小雅》诸篇,或周、程、邵、朱、薛、陈、王诸先儒诗,足以畅涤襟怀、感发志意听"。

600年风雨,余氏后人在此繁衍生息,靠聪明才智,务实进取,也保留了一份弥足珍贵的淡然与平和。在这里,"孝为百行之原,孝悌乃为仁之本","百事孝为先"作为家规祖训之首。它时刻地警示着余氏后人,无论身在何方,都不忘饮水思源,报答父母的养育之恩。事亲、尊亲、孝亲成了余氏后世子孙的自觉行为。"孝悌"文明,经历了祖祖辈辈传承,走入现代社会,仍旧绽放光彩。

时光流转,古村的繁华早已不再,但是理坑兴文重学,崇文重教的精神却不曾消逝,正如沱川余氏先祖栽植的罗汉松一样,千百年来蔓延伸展,枝繁叶茂,生生不息。这里既有中国传统古村的质朴宁静,又有诗书浸染的文化氛围,是很多人安身立命和返璞归真的理想之所。

吉水县 桥上村

忠孝友敬 睦隆厚正

江西省省级历史文化名村
中国传统村落

千年风雨，浸润着桥上村世俗的烟火，这里有浓香谷米，清爽蔬果，野味山鲜；有淅淅沥沥的瓦下滴雨，有临水顾盼的依依红药；还有往来行客身上的油盐味道，就是清晨巷弄的茫茫白雾，也叫人心生喜悦。

桥上村，原名为桥南村，因位于江西省吉水县白沙镇圩镇南古桥上方而得名。桥上村东连吉水县螺田镇，南界永丰县潭头镇、罗坊乡，西邻吉水县水南镇，北接吉水县白水镇，村庄西面的泷江是传统时代的水上交通要道。泷江，又名孤江、潇泷江，是赣江东岸的最大支流，源出兴国县境良村上天心坪山西岭，流经永丰县的龙冈、潭头、至吉水县的南坪与沙溪水汇合，经吉水县白沙、水南，从水南与青原区交界处的龙王庙入青原区富滩镇境，汇入赣江，主河长148公里。桥上村"下达潇泷，上接沙溪，实属往闽走粤之通衢"。

北宋熙宁年间（1068—1077），桥上罗氏祖先继昌公见泷江山水秀美，想搬至泷江边的桥上村居住，却没能实现。南宋初年，继昌公儿子济民公和济川公兄弟完成了父亲遗愿，搬迁至此，从此罗氏家族在桥上村繁衍生息，迄今将近900年。罗氏家族历经沧桑，先后在宋末、元末、明末和清末太平天国时期都饱受战乱，村内的人口每经历一次战乱都急剧减少，幸存下来的村民有的迁往外地，部分祠堂、民宅、族谱等都在战乱中被焚毁或遗失，但罗氏家族却坚韧不屈，生息不止，成为当地的一大巨族。

据《桥南罗氏族谱》记载，桥上村罗氏早在明代便立有家训十八条，并规定全体罗氏族人，不管长幼，在每年的元旦、春祀和冬祀三天都在族祠"敦本堂"集会，按照族内世系排行，选择一位声音洪亮的族人来逐条宣读家训，借此希望全体族人都能遵守家训。

罗氏家训中首列"遵圣谕""重国课""报君恩"三条。其中列为首要的家规是"忠"，教导子孙要忠于国家，"上不干犯图私，下不宜辱祖先，明不得罪天地，幽不致遭鬼神"。其次希望罗氏子孙要及时缴纳赋税，"倘有拖欠不完，是为化外顽民，即自绝于天地，曾禽兽草木之不如矣"。在"报君恩"一条当中，家训特别强调，罗氏子孙倘若有幸登科出外为官，应当"鞠躬尽瘁，以上报君恩，下绥万民，为循吏，为良吏，为国家柱石，为生民父母"，而断不当"作威福，造声势，夸耀乡里，取重名流"。如果仅仅是"借诗书为利禄之谋，假仕途为身家之福"，必然"见斥当世，遗臭万代"，不但为子孙唾弃，也将为亲戚所不齿。

其次，罗氏人认为要"孝父母、友兄弟、敬长上、睦邻里、隆师长、厚朋友"。对于父母兄弟、亲朋好友，罗氏人崇尚"敬""尊""睦"，以传统的儒家伦理道德规范和要求自身，使得罗氏一族即使在后来历经磨难，仍可休养生息，子孙昌盛。

再者，罗氏人认为"择婚配"首要考虑的是"儿女婚嫁，必择其妇之德性，婿之贤否，贫富则不计"。这种家规，源于他们特别的持家之道。罗氏人深知，只有品德佳好，宽厚待人，才能使儿女得到真正的幸福，家庭也才能和睦美满，子孙兴旺。

罗氏不仅仅注重持家，对于修身更是有着独特的见解。罗氏人认为只有"正心地""谋生理"才能光耀祖父，贻谋子孙长享富贵。永称寿考者，更是要坐静室以收放忿寡酒色，以养精神，本固有之心。他们认为，心地不正，做任何事情都要失败的，只有心地正，才能修身治国平天下。更劝说子孙，不要自甘堕落，不学无术，要有立身生存的本领，自力更生，自强不息。

桥上村人向来注重人才的培养。他们认为从来兴族仗乎人才，而人才之要在于培养。罗氏家族在宗祠"敦本堂"设有考费学租，凡罗氏子孙在私塾读书，均有支持。子弟参加府县科举考试，家族内部也提供相应的考试费用。

更为可贵的是，桥南罗氏并不以读书为唯一出路，家训"谋生理"中说道"谋生乃人生第一件事，盖以衣食足则礼让生，饥寒迫则暴乱起"，"士籍古致贵，农力田得食，工精艺致财，商殖货获利"，士农工商，都是实实在在的谋生手段，所以为人父兄者，需要对子弟"相材以教"，按照各人的品质优长，选择不同的人生道路，这样"人各有事，克勤本业"，就不会成为"顽怠游民"，就不会赌博酗酒，逸游浪荡，就不会"狗党狐群，不禽不兽"。

正是在这样的家训引导下，桥南罗氏"素多俊杰，或优于涵养，或长于经济，芳名卓卓当世焉"。尤其是在明清时期，产生了数十位著名的商人，如明代罗绍贤，性格质朴，十分忠厚，村人都尊称他为长者。罗绍贤从不妄言人是非，遇到村里贫困危急的人，他送去温暖，解决他们的困苦。乡里面有贫困不能还清债务的人，他当即为他们把债券烧掉，说："不想让后代子孙以这些来作害，我曾经见到过世上分毫不缺的人，对于济世利民的事情，却毫无怜悯之情，这并不是什么好事，我只是为后代做长久的打算而已。"

再如清代乾隆年间的罗与洲，朴实敦厚，读书十分有天赋。但不幸小的时候失去兄长，于是家政都归了他。由于经营有方，农资渐厚，罗与洲不仅慰问孀门，表彰安定她们的贞节，而且还抚助幼孤，监督他们，使他们成材。罗与洲礼敬父辈，谦让兄弟，事无大小，委曲详尽，从来没有让人在背后议论他的不是。他虽然从事商业，却从不吝啬，而是热心捐修道路、桥梁，因此，罗与洲被推举为乡里上宾，乡人评价其"善行可风，可谓名称其实者也"。

遵圣训、重国课、报君恩、孝父母、友兄弟、敬长上、睦邻里、隆师长、厚朋友、择婚配、正心地、谋生理、谨祀典、守祭田、广储蓄、培人才、崇节俭、息争讼，桥南罗氏用这一条条简明扼要的家训规范了家族子弟的为人处世的基本原则，用最接地气的语言，生动地诠释了儒家修身齐家治国平天下的崇高理想，也让今人深切体会了过去时代老百姓的生存智慧与生活逻辑。

第三章
敬天畏地
——祭祖与敬神

祭祖敬神，是中国传统社会老百姓内心深处最质朴的心灵操守与情感表白，也是中国传统乡村社会最重要的两种祭祀仪式，深深扎根于中国乡民传统的日常生活当中，世世代代相传不替。祭祀祖先，为的是不忘祖先创业的艰辛，牢记祖先的嘉言懿行，达到和家睦族，启迪后人的目的。祭拜神灵，是期望神灵保佑家族与一方承平，以期风调雨顺，五谷丰登，六畜兴旺。江西各地历史文化名村的祭祖敬神活动内容丰富，形式多样，为我们细致展现了千百年来不同的乡村聚落与人群，在具体的发展过程当中所累积的社会文化信息。

报功彰义 出傩玩喜

乐安县 流坑村

江西省国家级历史文化名村
中国传统村落

朝阳的光芒洒满向大地，一湾溪水形似仙子的飘带，盘绕在山间。在这袅袅白云之下，青山叠嶂之间，一处传承千年的古老村落就这样静静地隐匿在一片茂林修竹之中。这里的人们平静安然，他们与自然相依，诵读着从父辈的父辈那里传下的书简，跳着古老深沉的神秘傩舞。千户古宅，

流坑村

祭祖活动

清一色董氏人家,奉西汉大儒董仲舒为先祖,自五代来此避乱客居,至今一千多年了。这里,便是他们的故乡——流坑。

流坑董氏后人一直相信祖先神明会保佑族人,让董氏大放异彩,而流坑董氏的祭祖敬神之举更是为人称道。流坑有八条大巷,巷巷皆有祠堂,祠堂的数量不禁让我们遥想当年董氏祭祖活动的频繁。流坑村是中国封建宗法社会的一个缩影。在一千多年的漫长岁月里,流坑董氏依靠严密的封建宗族制度来凝聚族众、维系秩序、稳定发展。村中宗族活动的遗存随处可见,特别是那遍布村巷的祠堂,更是难得的人文景观。其中董氏大宗祠遗址更是一绝,五根高8米、直径0.7米的花岗岩石柱,傲视苍穹。

站在大宗祠遗址之上,使人有一种苍凉、古老、深沉的感觉。斑驳的墙垣、肃立的石柱、雄强的石狮,令人对往昔流坑董氏的兴盛、大宗祠的壮观产生无限遐想,同时又对军阀罪行感到愤恨,对大宗祠的焚毁深为惋惜，故后人将大宗祠遗址称为流坑的"圆明园"。

流坑祠堂祭祖主要是春秋二祭。春秋二祭，以农历计算，集中在二至三月，九至十月。春祭，实际上以清明为中心，或前或后。但因为流坑祠堂系统严密，数量众多，就存在一个时间错列排开问题。万历谱上已经记载，二十二世以前，最早开祭的是两大房派文肇公、文晃公的早期祖先。校书祠（文晃公）和大保祠（文肇公之子淳公），都在二月初五祭，紧随其后的是大宗祠，祭期为二月十七。接下来，是一批自三月初一到三月十八日间举祭的祠堂。这种时序排列，在道光年间绝大多数遵循未变。实际上，已与传统社会的节令礼俗相合，而与祠主的逝世周年祭期基本脱离。对照有所变化的实例，最能说明这一点。

二十世祖志杰，万历年间有静山祠致祭，祭田五十亩，三月十八日春祭。到道光时，祭田增至二百亩，春祭改为三月初四，秋祭则在九月初四，刚好相隔半年。显然，这是为春秋二祭规范化做的改变，三月初四绝不是董志杰去世的周年祭了。

又如祭祀董时望的雪峰精舍，万历时每年一祭，时间在十二月十五日，道光时仍旧。但清人又新建一个"名贤祠"，也是纪念董时望，祭期则分别在三月初五，七月十五，实际上就是清明节与中元节。这样，仅从祠祭而言，为董时望一人，一年要进行三次。再如清前期为董燧、董焕兄弟共建的"蓉亦合祠"，春祭是"三月初九日祭，三月十二日又祭"，紧接清明之后。兄弟伯仲已明，祭祀孰先孰后，也可推知了。总的来说，春祭尤为注重，祠祭之外，还配合了墓祭、挂纸等一系列活动，直到民国，仍然如此。

各房的主要祠堂，都有秋祭。流坑还有大宗祠"秋祀"的传统，记载始见于元代元统年间（1333—1334），"自始基之祖，逮乎其下之无后者。当祀，则设其主而附焉"，即专门辟出一个空间，为秋祀当祀之人立了牌位，在祭祀形式上更加具体了。由此可以看出，在众多祭祀中又设"秋祀"，重要的一点，是祭祀那些有一定身份影响但无子嗣传后的族人。其功用，元人虞集说得明白：这种做法不管是否合于礼仪成法，但"祖考之精神，

"秋祀"后的族人聚餐

傩面具

与子孙之精神，数百年之生存殁亡，一时会合于一堂之间"，"而能萃聚于离散之余，则不可谓非忠厚之意也"。

"秋祀"也是一种仪式，包括祭完以后族人聚餐一次，都可以在此和祖先进行一种精神对话，敬宗而合族。族谱中还有专门的"秋祀祭文"，专供祭祀时诵读。民间的祭祖制度，就是这样通过一代代的具体措施，逐步完备起来的。祠堂是流坑董氏祭祖的重要依托场所，也是极其重要的承载。而流坑董氏对于神明的敬畏则主要表现在祭傩神和何杨主神的崇拜。

2006年，流坑傩舞被列为国家首批非物质文化遗产。在流坑，旧有"八房八傩班"的说法。许多房都有自己的神庙，其中一些就是祭傩神。有些傩神，则放在村子周边的敌楼里，归各房管理。文晃

村民在祭拜傩神

公房的太子庙、桥西房（含胤功、胤华二支）的三义庙，镜山公房的五王庙，胤明公房的拱宸门，胤隆公房的启明门，胤昂、胤旋、胤达、坦然四房的里仁门，双桂公房的关门阁（俗名，又称"中流砥柱"），纯然公房的真江门。

村民们说的"傩神"，就是指傩面具。凡有傩面具处，都有"傩神会"组织，亦即为出傩活动而设的基金会，有专门的田租收入。从现存碑刻看，胤明公房的这种基金会组织叫"士心会"。辛亥革命那一年，拱宸门因洪水而墙垣倾圮，傩神像也遭虫蛀。后由"士心会"一批人士出面，"积资重建，乐善好施，以负完全责任，数月告竣"。胤明公房谱记载"古者岁而时傩，吾乡之奉此神，亦有行古之道也。我先祖立庙北垣，就拱宸门上架造敌楼，中祀炎储、关帝，旁纳诸傩神面"。讲的即是该房祭傩神的由来。拱宸门中现存民国碑刻亦称："村之北为胤明房公支，子孙蕃衍，所居经十余世矣。村口空缺之处，立有敌楼，上塑汉代帝王将相以及傩神等百有余像，祀享血食，惠泽生民。"

可见平时傩面具也是挂在庙内（或"门"内），和其他神像一起，享有香火祭拜。乡老们回忆,过去各庙(门)中的傩面具都一种格式,各有三十多个。现在全村唯有完整的一套,放在村委会的楼上,有钟馗、天官、灵官、元皇、马元帅、朱元帅、温元帅、哪吒、金刚、魁星、赵公(财神)、小鬼、真武、三官、和合(二仙)、周公、桃花女、书生、七仙女、土地、大和尚、小和尚、走报、刘备、关公、张飞、孔明、赵云、蔡阳、孙悟空、

"出傩玩喜"

猪八戒、沙和尚共三十六具。

有一个面具，就要有一个人去"玩"。三十多具傩面，至少要三十多个人来演出。乡民称舞傩者的队伍为"傩班"，他们由各房的男人们组成。出傩活动完全是分房进行的，有的房人丁少，凑不齐一个班子，往往请其他房的人来帮忙。

傩舞演练，传统、灵动，展现着流坑董氏对于灾难的恐惧，对于美好生活的期待。每年冬月，董氏子弟操习拳棍团牌。新春月初，结台演戏，装扮古传，成部教演战阵兵法。流坑董氏"借戏舞以为训练"，正是其作为修武备、御外侮的备战措施之一，所以才会把冬季农闲时的子弟操习拳棍团牌，与新春时节排演傩舞，仍需"成部教演战阵兵法"联系起来。作为一个强宗大族，无论是保护应有之物，还是向外扩展势力，"强悍"是其不可缺少的素质之一。提倡族中子弟习拳脚、练武艺就极其自然了。然而，傩舞毕竟是一种集体性的演出行为，是要排练的。"傩"是赶鬼驱疫之舞，具有一种神性。平时是普通族人，一旦戴上傩面，出现在众人面前，即有一种特殊的庄严气氛，讲究一套程序和身段、步法。所以到民国时期，各房的规矩还是每年腊月二十四日开始，由老者一出一出的指点进行，前后约一周时间。

民国五年，胤明房"出傩"的简单过程是："凡房下喜庆，俱得籍以致贺。元宵装扮神像，扫荡街巷。是夜汛扫庙楼龛座，中夜房长率众行四礼拜，祝圣安位。即将经年竹屑杂秽着送至楼下塘塍上焚化，回身复行四礼拜，关闭宫寝如常。"另据村中老人回忆，民国年间出傩和收傩之日，不仅有仪式，还要由年轮值的"神首"去请道士。道士持有一枚薄木板刻的印章，上面刻满了小船和小人。道士先念咒语，然后手拿卜吉凶的"神珓"一副，离地约二寸，顺手滑下去，一般必得三个"顺珓"，这才可取下舟画去焚烧。焚舟画又称"送顺"，标志着出傩结束，送神明上天，故各房操持事务的管首们都必须在场。焚毕，停锣息鼓。返回庙中，跪拜。然后吃一餐"神粥"，散去，全部仪式宣告结束。

傩面"玩喜"，已经在流坑董氏心中扎根，说到这里，他们的脸上散

民间乐师正在弹奏傩舞的伴奏

发的是喜悦,是骄傲。"玩喜",要从有喜庆之事的人家说起。每年正月初二起,直到正月十四日,凡在头一年有中举、生男孩(所谓"添丁")、娶媳妇、"接郎崽"(即嫁女)等等喜事的人家,先派小孩去本房的傩神庙中,请来傩神,抬回家中。此间先有一个"走报"来到门口,大声报喜。如果是娶亲之喜,"走报"即送上一个泥娃娃,祝其早生贵子。"接郎崽",就送一副"指日高升"对联。中举、毕业者,对联上写的就是"状元及第"之类的祝词。

然后迎进傩班,在家里的厅堂做一番表演。此间,要将傩面供在香案上,焚香,燃放鞭炮,上供品。祭拜一个时辰以上,然后抬到村中的戏台上去。

傩面到了戏台,乐师等也陆续携带乐器赶到,做好准备。先由"神首"焚香点烛,燃放鞭炮,并高声报出喜庆人家的姓名和喜事。接着,傩舞的表演开始了。演出的剧目有:

"钟馗扫台""天官赐福""出将"(出黄灵官、马元帅、温元帅、元皇、哪吒、金刚等)、"出真武""出三官""出和合""周公与桃花女""安庙装香""闯辕门""斩蔡阳""取经"等。每出剧目,都突出了某一个傩神的中心地位,不少剧目的明显吸收了戏剧的内容,故事性强,

"何杨神"的出游活动

也很讲究服饰。文蟒武靠,云绢彩衣,色泽鲜艳。动作舒展平稳,脚步深沉有力。因为只跳而不开口唱,所以演出犹如一部连本哑剧,富有情趣。

傩舞不唱,但有音乐伴奏。伴奏又有文场、武场之别:"文场"有二胡、笛子、大唢呐、小唢呐等。"武场"则为全套打击乐,有鼓、锣、钹、大锣、铃、木鱼等。曲牌有高雅浑厚的《风入松》《浪淘沙》,也有《小桃红》《刮骨令》《水底鱼》《麻婆子》等。还有活泼的民间小调,如《五更恋郎》等,都是根据剧情、场景与情绪的变化而变化,婉转动听,表现力强。在整个乐安县境内,流坑"玩喜"的乐队最为出色。据口碑流传,这是因为明代后期,招携一支的族人董裕任南京刑部尚书时,曾带族人中子弟去宫廷乐队学习过,以后一代代流传下来。

最后一个节目称"抢罗汉"。此时全部演员都取下面具,一起登台演艺,打拳、踢腿、翻筋斗、跳桌子,随心所欲,各逞其能。但依然是只有动作,没有戏文。可想此时台上台下,充满激情,喝彩欢声,把演出推向高潮。在民国时期,全台戏演完,前后要用四五个小时,所以一般上下午各演一场。演出后,遂由喜庆之家请酒吃饭,一般都要五到六桌款待众人。如果有喜之家实在贫困,请不起酒席,就包一个红包送到庙上(或"门"),称为"喜钱"。钱数多少不拘,聊表心意。因而请人"玩喜"、吃饭等,又称为"还喜愿"。

本来各色恐怖狰狞的傩面,被流坑人用来志喜,也为求得保护。遇有大疫灾异之年,则要举行"搜傩"仪式。在流坑,称"搜傩"为"行靖",仍有口碑可证其事。

流坑的老人,只记得见过民国三十四年的那次"行靖"。那年,天灾严重,颗粒无收。更可怕的是疫病流行,青壮年连死多人,弄得人心惶惶,盛传是瘟疫降临,唯有借神以逐鬼驱疫。于是先由各房长老们进行筹划,请来道士,设道场禳灾。到了规定的那天夜晚,几百村民出动,分成两批行事:大多数人,用劈开的毛竹夹上油柴,点着,插遍大街小巷,然后开始大扫除。另外拣选了十几个青壮年,身穿铠甲,手执各种兵器,戴上狰狞可怖的面具,犹如天神一般,走街串巷。在他们身边,还有身着常服的助威人员,手拿铁叉、竹筲等器械,并提灯笼和稻草火把,横扫各条街巷,穿户入室。与此同时,锣鼓齐鸣,鞭炮顿起,全体人员大声喧喝呐喊,作驱鬼状。霎时间全村就像开了锅一样,亮如白昼,呼嚣之声此起彼伏,且带着一种原始的凄厉,令人不寒而栗。又如战场,有着十分的气势。结果,这样连续三个夜晚,"行靖"才算结束,花费了上万块钱。老人们追述此事时,留下一个疑惑的结尾:即"行靖"以后,疫病确实消除了,人畜转危为安。老人们推测,也许这么多人出动,毕竟是彻底地搞了几次大扫除。加上到处是火把,对空气消毒,杀害有害的病菌,都可能有作用。也许,心理作用也是应该考虑的,既然已经"行靖",人神共怒,妖疫如何不逃?所以自然增强了抗病的自信心。精神一振奋,人体的抗病能力也得到激发和调动。

"何杨神祀尊河润,瑶石社崇保障屏。"何杨神崇拜在流坑董氏心中也有着崇高的地位。

在流坑的各处神庙中，大多安放着书生模样的何杨神像，与其他神像一起接受世代流坑人的祭奉，并在每年农历正月初九日要举行隆重的出游活动，这是流坑延续了数百年之久的祭祀和民俗娱乐活动之一。其组织工作由轮值房负责，并从该房的房产中支付其费用。

相传，何杨神起源于流坑董氏第六代北宋名臣董敦逸。在北宋嘉祐年间，董敦逸考中进士，因性情刚直，不愿趋炎附势，更不愿向当朝权贵送礼，而引起有的权臣嫉恨。有一天，皇帝在金銮殿上召见新科进士。董敦逸初次走进金銮殿，一切都感到新鲜好奇，尤其是到处悬挂着历代名家题书的匾联，更使他目不暇接，欣赏入神。不料这时皇后娘娘也端坐殿上，一位权臣即刻向皇上奏告：董敦逸心术不正，偷看娘娘。皇帝一听大怒，喝令将董敦逸推出斩首。董敦逸极力分辩，说明自己是抬头看匾联，并非偷看娘娘仪容。一些朝臣也为董敦逸求情，皇帝这才稍解怒气，传旨将董敦逸打入天牢，令其当夜将殿上所挂的匾联内容默写出来，以明心迹。否则，明日仍要处极刑。这天夜里，董敦逸被投入天牢中。天牢又深又湿，暗得伸手不见五指。董敦逸心中充满着愤恨与忧伤，壮志未酬身将死，蒙冤受屈又奈何。正当他绝望之时，忽然，牢口处飞来一闪一闪的萤光虫，并且成群结队地飞进天牢，在牢中围成一圈，把天牢照亮，董敦逸惊喜万分，立即拿起纸笔，边想边写，逐条将自己在殿上所见的匾联内容默写出来。

第二天早上，皇帝看了董敦逸所默写的匾联，甚为惊喜，当众连声夸奖董敦逸记忆超人，文才出众。不仅不降罪董敦逸，反而给他晋升一级，官拜监察御史。事后，董敦逸回想这天夜晚的情景，知有神灵相助，经打听，才知天牢中曾屈死何、杨二位忠臣，想必是其显灵招来萤火虫前来相助。

董敦逸辞官归故里后，为报答何、杨二人的相救之恩，在流坑的各神庙中增设其神像以祭拜，并以何、杨二人的遇难之日（正月初九）作为何、杨神的生日，每年在这天晚上出游何杨神。从此沿袭至今，成为流坑的一种风俗。

每年正月初九日傍晚，由轮值房一个当年结婚的男子手捧何杨神，依序走遍全村每一户人家，以示游神活动即将开始，每家要做好接神的准备，即在门前放一方桌，上面装灯、点烛、放米和红蜡烛。游神一开始，鞭炮、火铳齐鸣，锣鼓喧天。先派数名职事依序到各家登记户名，并把米和烛收下。接着是大队人马，抬着何杨神及与之一起出游的多尊神像，神轿架上燃烛插香，另有不少人提着各式各样的灯笼和举着彩旗随行。一路上，灯火通明，旌旗招展，锣鼓喧天，鞭炮声声，热闹非凡。每家人都要肃立门前，恭候"神"的到来，神像一到，鸣爆相迎，为神像点烛敬香，并随道士念经，家人一起跪拜，祈求神灵保佑，一年大吉大利。游神队伍要走遍全村每家每户，多至深夜，甚至通宵达旦。

　　流坑村宛若深海遗珠，虽阻隔了同外界的密切往来，却也成就了它的原始淳朴。沿着村子里的鹅卵石子路姗姗徐行，看到那残破的祠堂，堆积在门边的柴草，看到人们那跳动的傩舞，感受着何杨神在巷口徘徊着，保佑着流坑董氏的闲适安逸，一切都是那样的淡然静谧。

七祠立村 福主东平

瑞金市密溪村

江西省省级历史文化名村
中国传统村落

"敬祖先，严神祀"，一句简单的话语，承载着密溪罗氏的一幕幕历史佳话。在"密水源流通梅水，凤山秀气接龙山"的江西瑞金九堡密溪村，祭祖敬神已经成为密溪罗氏后人世代遵循的信念与行为。

"物有报本之心，人有思祖之情；饮水定当思源，为人不忘根本。"密溪罗氏本思祖之心，行祭祖之事。祠堂，不单单是一个祭祀的场所，也是密溪罗氏钩沉历史、弘扬文化、传承祖德、启迪后人的圣地。密溪有"七祠立村"之说。在村中心地段（古称"风吹罗带形"）有应宗公祠、密峰金铎公祠、石泉公祠、应文翁祠、淳夫公祠五座大宗祠，一字排开，背靠西北，面朝东南，附近还有东塘公祠和怀东公祠。其中密峰金铎公祠即"罗氏大宗祠"，建于康熙三十七年（1698），为始祖密峰公和九世祖金铎公的合祠，大堂上方为嘉庆十年知县恽子居所赠的"彝伦攸叙"篆体匾额。

随着时代的发展，密溪罗氏还将族谱等相关的文献资料放入网络平台，让大家可以在电子族谱中查阅到关于宗族迁徙、族规家法、诗词碑记等内容。并且成立了村史馆，展示《密溪罗氏六修族谱》（光绪三十四年）、《密溪罗氏七修族谱》（1995）。密溪村的村民说："古人有云，国之大事，唯祀与戎。祭祀大地，报天地覆载之德；祭祀祖先，报先辈养育庇佑之恩。孔子说，慎终追远，明德归厚矣。不忘先人，追念先人，是为了后人更加腾达，是为了宗族更加辉煌。我们作为罗氏后人也应如此，才能不负祖德。"如果说，家是一个人的归属，那么族就是所有家的整合。今天，罗氏族人怀着一颗虔敬至诚的心,来祭祀先祖,就是要缅怀先祖的英德,就是要感激先祖的教诲。

密溪罗氏人才辈出,其中最出名的莫过于罗台山。史载他爱读书并且博闻强识,能拳勇,善击剑,风流隽爽,殊有奇气,他还喜好收藏奇石异宝。清乾隆四十四年的彭绍升《罗君台述》说道:"台山天性孝友,家庭间每有拂逆,处之坦然。与人交,无贤愚,必款款尽言,引之于道。人有一善,爱而护之,若明珠之在髻也;有不善,悯而诚之,若疾痛之切身也。其志强,故其所以自任者甚重;其愿广,故其所以与人者甚诚;其学无常师,行无途辙,而亦不过乎心之所安与义之所止。"并且称赞他"奋百世之下,希三代之英,斯可谓豪杰之士矣"。

清代的江藩在《宋学渊源记·附记·罗有高》中,还记述了罗有高在奉化西峰寺事,云:"一日出白金易泉金甚伙,县役疑其为盗,捕之。手仆三人,余皆逃去。寻自诣县,令升堂见之。叱使跪,不应;诘其姓名,不答。羁之。告成寺邵海图闻其事,白于县令,释之。能御强暴岂非豪士哉?"予笑曰:"此妄人之所为也。当县役捕时,晓之曰'我罗举人,非盗也。'即不信,同县役诣县,自述颠末。且可援邵海图以为证,其事即

应宗公祠

金铎合祠

解,何必用武耶?其在县堂时,县令闻其勇,愈疑其为盗,所以叱之、诘之,何以不答?岂亦将施老拳于县令耶?幸有海图在耳。设海图不知,县令横虐,竟肆桁杨,因好勇斗狠,毁伤父母遗体,不孝莫大焉!少有知识者尚不为,而学佛者为之乎?"

先人如此上进有为,今人又怎甘落后?抗战时期,密溪村人敢于为先。1930年4月30日,九堡、武阳等农民暴动,联合攻打瑞金县城,取得胜利。1931年8月,密溪乡苏维埃政府正式成立。1931年,密溪乡成为瑞金县土地革命模范乡之一。1932年,红军学校印刷厂驻设于密溪村金瑶公祠。密溪人刮下祖祠匾额上的金粉送给印刷厂作为印刷原料,提供必要的人力帮助打磨石板,以便印制出大量的布告、书籍和报纸分发到各个苏区、机关、部队和学校。印刷厂负责人左念卿、沈文生、周汉池及其员工与密溪人民相处得非常融洽,鱼水一家。1933年5月至9月扩红运动中,密溪出现父送子、妻送郎、兄弟相争当红军的高潮,参加瑞金模范师。1934年8月,壬田、河东、下肖、黄柏、九堡五个区就有1356名红军新战士集中到县城,全部上前线。1934年9月,红军第六后方医院进驻密溪,专门接收在北边宁都境内狙击敌军进剿的红五军团的伤病员。密溪村自发组织担架队和洗衣、护理人员,支援红军医院,还从自己口里省下粮食供给红军伤病员。红军第六后方医院后迁往岗面朱坑。1934年10月红军北上后,密溪村是留守红军河西游击作战区的根据地之一。1934年底,红军学校印刷厂迁往塅子脑。1936年初(农历乙亥年底),国民党余汉谋部进攻密溪。他们占据密溪南屏山,并以长距离火力掩护,猛扑村西猴子额、天星崀子等红军阵地。密溪人民和游击队协同作战,与敌人进行了英勇顽强的拼搏,以有限的弹药,打退了敌人的多次进攻,天黑后敌人撤退。1937年,罗兆熊出任瑞金县第五区国民党政府区长期间,密溪村文运阁土围成为他的区公所,金瑶公祠便是当时的第五区中心小学。三年后,区公所迁往瑞林。1944年,罗先新等挑头暴动,火烧国民党渡头乡公所,杀死乡长钟启凤等20余人,后遭镇压。为了家国,密溪村人勇于奋斗牺牲,无愧于祖宗天地。

密溪村罗振坡幼年丧父,家境贫苦,但勤奋好学,1952年敢创小学毕业,在全九堡统一会考中夺得第一名,被当时全县唯一的瑞金中学录取。因家庭条件无法就学,时年15岁,跟着母亲在家务农,挑起了养家糊口的重担。他闲时钻研文学,爱书如命,勤于写作,并频繁投稿于《赣南日报》,1964年被评为《赣南日报》模范通讯员,而后曾任村干部和文化站长,获得多项荣誉奖励。1973年10月,振坡先生因公致残,时年36岁。

应文翁祠

石泉公祠

他身残志坚，40年如一日，无论在病床上还是轮椅上、白天还是晚上，都以顽强的毅力坚持看书、作画、投稿、整理历史资料，先后编辑出版了《密溪村文史资料汇编》《尊闻居士集》《母亲的财富》等珍贵资料和文集，为密溪后裔了解历史，承先启后，继往开来，留下了一笔宝贵财富。而今，年近八旬的他，仍然不偷闲，时常挂念密溪的事业发展，不计报酬担任历史文化顾问，是村史研究的活字典，他的业绩，受到了各级政府的高度评价；他的为人，获得了密溪村民们的尊敬与爱戴。

密溪村福主庙

敬恭神明，万世为之。密溪罗氏所祀福主是忠烈东平王，即唐代"安史之乱"中死守睢阳的忠臣张巡。正月初十全村"接神"，将福主神像迎至罗氏大宗祠上首安坐，唱大戏七天，烧瘟船、焚告文，祈保全村平安。除了祭祀福主，密溪全村每年还实行斋戒，共有六次，全面禁止荤食，分别是：农历正月初一至初三，斋"三官"（天官、地官、水官）；农历七月初一至初三斋"三官"；农历八月初一至中秋，斋真君（即忠孝神仙许旌阳）；农历九月初一至初九，斋九皇；农历十月十六至十九，斋观音；农历十二月初一，斋罗祖（即凤凰山罗祖庵所祀"护国法王罗祖普仁太上祖师"）。由此可见密溪罗氏对于神明的敬畏。

无论时间多久，无论历经多少周折，密溪罗氏都要完成他们的祭祖敬神活动。祭祖敬神让密溪罗氏家族更加团结，家族历史的脉络更加清晰。

心存敬畏 行有所止

婺源县 汪口村

江西省国家级历史文化名村
江西省省级历史文化名村
中国传统村落

"人在做，天在看"，"暗室亏心，神目如电""举头三尺有神明"，"心存敬畏之心，方能行有所止"。婺源县江湾镇汪口村俞氏正是时刻保持着对祖先与神明的敬畏之心，方能在滔滔历史长河中大放异彩。

汪口村中的俞氏宗祠，又名"仁本堂"，位于村东大桥（名"聚星桥"）北端，祀汪口俞姓始迁祖俞杲。该祠始建于清乾隆年间。据《婺东汪口永川俞氏宗谱》所载：俞杲后裔俞皋（1251—1316）为宋末进士，宋灭亡后没去做官，在汪口建"心远书院"教书育人，人称"永川先生"。清乾隆年间，俞皋后裔俞应纶（1698—1778），稚小家贫，躬耕勤读，夤夜求师，终成大器，官至朝议大夫。回乡省亲时，聚乡人捐资，重建宗祠，清乾隆九年（1744）俞氏宗祠重建成功。他慎终追远，弘扬祖德，仍以万历九年（1581）"仁本堂"命名重建的俞氏宗祠。道光四年（1824）祠重建，历经沧桑260多年，修葺多次。从俞氏祠堂的修建我们能深切地感受到俞氏后人对于祖先的敬畏。

有祠堂必有祭祖活动，有祭祖活动必有祭祖仪式，仪式是一种内容，比任何说教都更加丰富直白。俞氏宗祠有专门的祭祖仪式，通过仪式展现对祖先的追思。宗族礼教最为盛行的时期，也正是俞氏家族最为昌盛的时期。汪口俞氏推崇儒家的礼教思想，使亦儒亦商的俞氏家族如鱼得水，他们祭拜祖先，春烝秋尝。宗族祭祖在祠堂，家族祭祖在"众屋（分祠）"，先在祠堂宗祭，再到众屋（分祠）家祭。祭品丰盛，有五谷杂粮，蔬菜鲜果，更有猪羊禽肉。一边是猪一边是羊。猪、羊要褪毛、破肚、去肚杂，再放在木架上。祭祖结束后猪肉、羊肉分给大家。祠堂是一个宗族的圣殿，通过族人的共同祭祀，活着的人便与死去的祖先在心灵上得到沟通，同时，也增强了宗族成员的同源意识，相互之间更加亲近和团结。祭祖的组织者也有严格的规定。祭祖主持人是论资排辈的：先自荐，再公推一名家境殷实、责任心强、公正无私的40岁人担任祭祖"献瑞"（主持人），40岁者，分摊祭祖费用；50岁免摊一切费用（但家境好、自愿分摊费用则例外），如果40岁同龄人自愿出的钱不够支出，亏空部分则由"献瑞"者自掏腰包。

汪口俞氏对于神明满怀敬畏之心。汪口村的"汇源禅院"便发挥着其敬神的功能。汇源禅院原名"龙潭道院"，俗称"汇源堂"。坐落于村西约一华里的永川河南岸，地名"华源潭"。距平渡堰约200米左右。民国时改名为"汇源禅院"，是一所道教活动场所，始建于南宋咸淳年间（1265—1274）。元至正四年（1344）被毁，明洪武元年（1368）重建。据传，当时是由朝廷下旨拨给一千两黄金营建的道院。

旧时的汇源禅院非常热闹，有诸多宗教活动在此进行。每年正月初一、初二，汪口有个专唱昆腔的"鸣盛曲堂"，敲锣打鼓来到禅院正殿上，以曲向菩萨拜年。每年农历二月十九日、六月十九日和九月十九日，是观音菩萨生日、出家日和升天日。民间许多不明所以者，通称"观音菩萨生日"。每到这三日中的某一天，汪口村及附近的善男信女都要事先沐浴更衣，于第二天（正日）聚集在禅院正殿，给观音菩萨上香、还愿。每年阴历七月三十日，汪口的善男信女，要沐浴更衣，每人手提一小篮山楂、猕猴桃、梨、蜜枣等水果，到汇源禅院观音娘娘殿前吃一天的"水果素"，以表示对菩萨的一片虔诚之心，直到下午才回家。除上述民间信仰外，村里每七年还举办一次大型庆祝活动，庆祝五谷丰登、六畜兴旺、国泰民安——阳会，和驱邪赶魔、求助神灵保佑一生平安——阴会、做冬福（庆幸本年一家四季平安、万事顺利，祈盼来年比今年更好）以及激龙求雨的活动，就是将旧锅铁片，绣花针等沉入水底，让龙在水底待不住，从而被激上天降雨。

明清以来婺源都有朝拜道教圣地齐云山和佛教圣地九华山的习俗。汪口人根深蒂固的习俗是朝拜齐云山，整个过程，虔诚至极。

村民在祠堂祭拜

  千年的汪口村，神秘的传说，传说中窥探出的是汪口俞氏对于神明的敬畏，对于美好日子的向往。在汪口村东北角，现在水电站水坝的另一端，有一个小山嘴，当地人称为"谢娘凸"。说起这个名称的来由，有一段凄凉的故事。1276年，元军攻入临安（杭州）后，大肆劫掠，南宋宗室多被屠戮，理宗皇后谢太后兄弟谢国舅家也未能幸免。在元军抢掠杀戮的混乱中，谢家一位千金小姐带着两个丫鬟携财宝逃出临安城，一路流落到了地处深山之中的汪口。

  这里远离战乱，山清水秀。此时的谢家千金小姐对人自称谢娘。想想自己双亲和众多皇亲都死于元军之手，以及自临安至此的万般艰辛，谢娘已看破红尘，决意向精神世界寻求解脱。她用自己携带的财宝，在汪口村东北角山嘴上建了一处庵堂，带着两个丫鬟削发为尼，终日古佛青灯相伴，以修来世。几十年中，谢娘广施善事，深得汪口村人和香客的尊敬。可岁月不饶人，谢娘终于感到自己不久于人世，便着手准备自己的后事。她先

汪口村民俗文化活动

是悄悄地为自己在庵旁建了一处"石轿"套着的木轿。又将两名丫鬟还俗嫁人。一切安排停当,谢娘带着一生的酸甜苦辣,带着对来世的深深向往,默然钻进木轿内,坐着装有金银首饰的扁桶,落下沉重的石轿门,在轿内涅槃。

汪口人为了纪念孤苦清高而又善良的尼姑谢娘,将建庵和石轿的山嘴称作"谢娘凸"。在20世纪60年代,开凿汪口至休宁公路时,因路基经过石轿子,筑路工人推倒石轿时,里面还有木轿构架和人体遗骸。

"谢娘凸"的故事展现了汪口村人对谢娘心怀善念乐于助人的感恩,而五良公的传说则是汪口俞氏对于民间所谓"人在做,天在看"的坚信不疑。

旧时,汪口杂货店商人五良老人,采取短斤少两或以次充好、重复收货款等手段欺蒙顾客。人们敢怒不敢言,拿他没办法。

某年雨季中的一天下午,天黑咕隆咚的,西风呼啦啦地刮着,一场雷雨即将来临,"轰隆隆",一声炸雷从汪口村上空滚过,一只火球窜进五良老人开的杂货店中,商人五良顿时被震昏了。醒来时一检查,自己平时记赊销货物的账本被烧毁了,后面茅房里的尿桶也被雷电击穿,秽物流了一地,臭气熏天。

此事成了一向以诚信为本的汪口人的笑谈,都说是老天有眼,还编成了顺口溜,天真的孩童当成童谣满街喊唱:"雷鸣轰隆隆,打死五良公。"

汪口村的民间传说以口头叙事的方式表达人们的审美取向,展示人类的精神活动;这种祭祖敬神活动以一种轻松的语言形式展示在人们面前,让人们真正了解到汪口俞氏对祖先与神明的敬畏之心。

尊祖敬贤 积善成德

赣州市 赣县区 白鹭村

江西省国家级历史文化名村
江西省省级历史文化名村
中国传统村落

黎明,第一缕阳光穿过层层云彩和树木,洒落在群山环绕的白鹭村。青山悠悠,碧水潺潺,白墙黛瓦,一栋栋明清时期的古朴祠宇和庭院,向世人诉说着白鹭村悠久的历史和昔日的辉煌。

白鹭村位于江西省赣州市赣县白鹭乡,始建于南宋,钟氏先祖钟舆从兴国竹坝迁居于地,至今已近900年。钟舆,系唐越国公钟绍京第16世裔孙,无意功名,纵情山水之间,选择在有着众多白鹭栖息之地建立村庄。明末清初以后,钟氏家族经历了由农而商,由商而仕的发展历程。经商致富之后,钟氏家族非常重视对子女的教育,除了天一阁、培桂轩等书院之外,还兴办义学,为族中子弟读书提供资助。到清朝中后期,白鹭村共培

白鹭村口

白鹭总祠"世昌堂"

养出秀才568人，文武举人17人，进士2人，其中6人担任知县、知州，2人担任知府，七品以上官员28人。

钟氏家族在这里繁衍生息，世代传承他们的风俗和文化，享受着幽静淡然的乡村生活。祠堂、牌位，一辈辈血脉传承；先人的风采，家族的荣耀，在上香祭拜的神圣一刻，穿越历史迷雾、岁月红尘，书写在后辈子孙庄重的面容之上。在白鹭村，专门祭祀先祖的节日就有三个，分别为：清明节、中元节和冬至日。每次祭祀之时，祭祖仪式都会在白鹭村钟氏总祠堂"世昌堂"举行。为了表达对先人的崇敬，钟氏族裔都会挑选上好的供品敬奉祖先。祭祖的文告中，隐含着钟氏先祖训诫后世子孙的格言，神圣而不可违背。

除了在祠堂祭祀先人之外，钟氏族人家中厅堂正上方的神案供奉先人牌位和画像，每逢初一和十五早上都会祭拜祖先。进入现代社会以来，白

八字门楼

鹭村也悄然发生着变化,很多钟氏族人搬离老宅,住进新居,但尊祖敬贤和积善成德的家风并未中断或改变。在白鹭村,人们搬入新居时,要举行一个神圣的仪式。钟氏族人会恭敬地从祖屋中接引出祖先牌位前的香火,一路敲锣打鼓和燃放鞭炮,直到进入新居大门,将其放在新居客厅的正中央。这个庄重的仪式一方面表示对祖先的尊崇,另一方面也寓意"薪火相传"。

"白鹭村没有饿死的叫花子,没有上不起学的孩童,更没有无棺材的老人。"这一传说广泛流传于赣南地区,起源于一个叫王太夫人的女性。至今白鹭村还保留着王太夫人祠。在中国古代封建社会,民间盛行以父系家族制形式建造祠堂,受男尊女卑封建思想影响,一般都是以男性祖先名义建造祠堂,以供后人祭祀。以女性命名的祠堂极为罕见,而王太夫人祠就是其中的一个。

据传,王太夫人原本只是清乾隆年间钟氏家族的一个小妾,家境殷实,可她却勤俭节约,将节约下来的钱财为家境困难的人买药送衣,并且还为死在白鹭村的孤寡老人施舍棺材并妥善安葬。除此之外,王太夫人还收留没有上学的孤儿,专门请老师教他们读书、念书,办起了义学。直到临死,还嘱咐儿子每年义仓都要储备一千石粮食,以备荒年赈济灾民。在王太夫人的言传身教之下,她的四个儿子也十分优秀,考取功名,并且为官清廉,造福于民。王太夫人的善行深深感动了乾隆皇帝,三次册封她为诰命夫人。后世族人为了纪念她,专门建了这个祠堂,教育族人要像王太夫人一样多行善事。从此,王太夫人祠就成了白鹭村救难济贫的场所,一直持续了200年。在中国的传统观念中,一个女人可以影响三代,一个有德行的女人可以长久地兴旺一个家族。王太夫人用她的善行恩泽后世。后人把王太夫人教育后世子孙的故事,改编成当地的东河戏《机房教子》,每逢节庆,都会上演。

"钱多伤人子",这是白鹭村人尽传诵的一句俗语。2004年在白鹭村村民钟益善老人的倡议下,村中的一群年轻人成立了白鹭村教育基金会。为了帮助家庭贫困的孩子上学,让传统的"善"文化得到更好的延续和发展。只有2000多人的小村庄,教育基金会每年都能收到几万元的捐赠。自教育基金会成立以来,已经资助了80多名贫困生。村民钟慧英自幼父母双亡,和奶奶相依为命。几年前一场大雨将其居住的房子夷为平地,村民积极出资出力帮助她们重建新居。2012年,钟慧英考上大学之后,教育基金会不仅帮她解决了学费问题,每逢佳节,还会拿出几百元作为她的生活补贴。钟慧英也怀着感恩之心积极帮助他人。

恢烈公祠院内旗杆石

恢烈公祠外墙刻有"日升记"字样的古砖

"小善不小,小善实大",行善多了,便是大德。在中国的传统思想里,做善事向来不求回报,白鹭村民一直坚守着这样的传统。虽然这个客家古村经济并不发达,但是《钟氏族谱》却有着专门为行善之人立传的传统。族谱中的《善士传》，描写的正是那些有着种种善行的钟氏先祖的事迹。在白鹭村，善成了一种信仰，是钟氏族人的一种自信力和文化追求，钟氏族人始终相信，行善之人，终有善报。2014年，白鹭村村民出资出力修建了一条长达两公里的新水泥路，方便和服务了附近六个村庄和村民。"前人栽树，后人乘凉"，白鹭村村民继承和发扬了"善"的传统。他们认为乐于助人不仅可以为子孙后代造福，还可以为自己来世积善积德。

除了行善，敬畏神灵在白鹭村村民的日常生活当中，占据着重要的地位。神灵在白鹭村形成了独特的文化，影响着人们日常生活中的方方面面。在白鹭村，每家厅堂神案上不仅摆放着祖先的神位，还安放着神灵的神位或画像。每逢初一、十五，除了祭祀祖先，人们还会在早上祭拜神灵，祭神的仪式与祭祖仪式一样仔细与认真。祭祖和拜神有各自的祭拜供品和香

白鹭古村祭祖仪式

白鹭村福神庙

炉等用具,二者不相互掺和。在白鹭村,人们还会祭拜土神,即便是新居,也会在正厅地上供奉一个香炉,因为土神没有神位或画像,人们就在地上祭拜,祈求保佑家里平平安安,美满幸福。

除了在家里祭拜神灵,虔诚的善男信女还会带上供品和供具前往庙宇里祭拜。在白鹭村,有三个比较大的庙宇,分别是福神庙、仙娘阁和真安庵。其中福神庙位于白鹭村的中央,地势较高,背靠五龙山,居于王太夫人祠旁边。三三两两的善男信女到了庙里之后,就分别给各个菩萨点香烛,行祭拜礼,希望神保佑他们平平安安。福神庙不仅吸引了白鹭村村民,还有周边的大量村民不辞辛苦地来这里祈求平安和幸福。据清朝道光年间重修重建的福神庙碑文可知,当时福神庙受到了村民、祠堂和商人等多方资助。

白鹭村依山傍水,尊祖敬贤、积善成德的传统在这里世代相传。每当夜幕降临,繁星点缀天空,鹭溪蜿蜒流淌,白鹭村分外的宁静安详,给世代生于斯、长于斯的钟氏族人平添了一份的恬淡与从容。

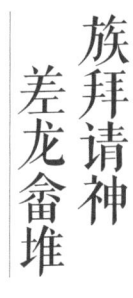

族拜请神 差龙畲堆

高安市 贾家村

江西省国家级历史文化名村
江西省省级历史文化名村
中国传统村落

"钧山何逶迤，环抱若城郭。青松生其巅，翠竹交如幕。绿藻映滩涣，元珠漾紫泥。"风景秀丽的畲山贾家村位于江西省高安市新街镇，迄今已有600多年的历史，村庄规模宏大，布局独特，建筑华美，风俗淳朴，文化底蕴深厚。

据《畲山贾氏十修族谱》记载，贾家先祖贾建深是今河南开封人，生于公元898年。北宋初期，贾建深的孙子贾湖出任筠州（今高安）刺史，贾湖70岁告老后，便留在高安生活，成为高安贾氏始祖。明代洪武年间，贾家后人分迁各地，其中贾湖的第十六世孙贾怀迁居畲山。明清两代，贾家人以耕读传家、工商富家，创造了辉煌的历史，逐渐发展成为高安的地方望族。据《畲山贾氏十修族谱》记载："传者所以传其人之真也，无论士农工商，各有其事，凡可以维风于世，垂训于后者，皆在可传之数。"贾家人将"农工商"与"士"相提并论，有着倡商、尊商、赞商的传统，历代都有富商大贾出现。

祭祀祖先，缅怀先人，贾家人在经商致富之后，一直教导子孙不忘先祖创业之艰难，世代艰苦奋斗。"正月初一拜祖宗"，这是贾氏宗族热闹非凡的日子。祭祖当天，贾氏族人不论是在外做官的、经商的，还是在家种田的、做工的，都会赶来相聚。大年初一天色还未亮，各堂男丁就会提着写有各自堂名的红灯笼，带着香烛鞭炮来到贾氏宗祠给列祖列宗拜年。各堂全部到达之后，举行隆重的祭祀活动。族长要给先祖呈上上好的供品，

贾氏宗祠

上香烛祭拜。大家在族长的带领下完成一系列的祭祖仪式,最后点燃鞭炮。烛光烟雾之中,贾氏后人体会着祖先创业的艰辛和伟大,同时也祈祷祖先保佑子孙万福。拜完祖宗,贾家村人还要接着去观音堂祭拜观音菩萨,祈求观音保佑新的一年幸福安康,万事如意。接着贾家村人之间相互拜年,恭贺新年,最后大家团团围坐在八仙桌旁,喝红糖水,吃"四方糕",享受新年和祭祖之后的那份休闲和安详。

红纸包着的"四方糕"是贾家村的特色美食,寓意为吃了"四方糕",红红火火走四方。传说明嘉靖年间,贾家村有个小伙子自幼父母双亡,由兄嫂抚养长大。他长大后决定到广东经商挣钱报答兄嫂。出发前一天,嫂子连夜做了四十四块四方糕,一块块用红纸包好,给他带着路上吃。临行时,嫂子深情地对他说:"这四十四块四方糕愿你走四方、红四方、吃四方。"在亲人的激励和关爱中,小伙子在外经商获得成功,第二年年关带着丰厚的钱财回来了。"四方糕"是贾家村的吉祥糕点,是婚嫁、寿诞、建房上梁、走亲访友等活动中的必备茶点。

正月初三请菩萨。这天下午三点前后,人们抬着色彩斑斓、做工考究、内置虎皮椅的轿子和猪、羊等祭品到村外的大王庙、土地庙请菩萨。一路上敲锣打鼓,鞭炮、土铳齐鸣,场面十分热闹。这天村中百无禁忌,大家打牌、唱戏、吃喝,尽情欢乐。贾家村人流行"第一请菩萨,第二娶老婆"的说法,意即"请菩萨"和"娶老婆"是两件特别开心的事。欢庆至子夜时分,族中尊长开始分时段发出迎请菩萨的三通响锣。第一通是预备锣,提醒各家准备请菩萨;第二通锣响提醒各家煮好三牲;第三通锣响是凌晨五六点钟,请菩萨正式开始。人们将菩萨从大王庙、土地庙抬出,经过各家门口时,村人都要放鞭炮,并用三牲供奉,绕行全村后,菩萨最后被迎请到贾氏宗祠。

贾家村人祭祀神灵的另一种仪式是"出差龙"。正月初七之后,贾家村人就开始制作龙灯,龙身由竹篾扎成并糊上彩纸。正月初九至十五每个晚上,贾家村都要"出差龙",各舞龙队先到贾氏宗祠前集中,出龙时鞭炮齐鸣,鼓乐喧天,场面十分壮观。"差龙",又名"竹节龙",是一种在扎好的圆筒形竹笼上糊上棉纸,画上龙鳞,配上龙头,再用棕绳串连起来的龙。龙头与龙尾各点3支蜡烛,其余各节点2支。"出差龙"是贾家村春节期间的重要活动。贾家有四大房,每房出2条龙,每条龙11人,加上锣鼓班,整个舞龙队伍多达200余人。贾家村出差龙期间,初十朝大王庙、十一朝紫府观、十二朝翠竹庵、十三朝万寿宫、十四朝普贤禅寺。差龙向庙进发时,庙主事先要在路上流水处插香,此为龙遇水活、龙随香走,俗称"走神路"。到庙后,庙主先为龙队祈祷,龙队朝拜菩萨后进行舞龙舞狮表演,整个"出差龙"活动一直持续到深夜。

"畲堆"是贾家神圣的地方,贾家村的整个布局都是以"畲堆"为核心。因为三台山(畲

"出差龙"仪式

山）作为村北的靠山，难以发挥藏风聚气的作用，为此，贾家人在村北入口处堆起一座土石堆，名为"畲堆"，实为畲山的象征，被视为贾家龙脉的龙头。因此，就有崇拜"畲堆"的习俗。谁家生了男孩，要在畲堆上添一担砖土，意为男孩不管走到哪里，即使漂洋过海，最后都像墙脚石一样，要落叶归根。生女孩则添一担瓦片土，意为女儿像屋檐瓦上的小鸟一样，长大了终归会飞走的。久而久之，畲堆越堆越高。它寄托了贾家宗族繁荣、人丁兴旺的美好愿望。每年大年初四，村上男女老少都要到这里跪拜，迎接本地的"大王神"。同时，在此举行一年一度的"三比评"活动，内容是比美丽、比手艺、比穿戴，参与者是村庄里的媳妇们；男人们的舞龙、舞狮队也会在此期间进行表演，彰显贾家村的繁荣与富有。

五公庙会是贾家村流传至今的与传统神灵信仰有关的民俗活动，主要是祈求先祖保佑子孙四季无灾无难，合家平安，风调雨顺。庙会期间，贾家人会请来当地戏班在贾氏宗祠前进行求雨演出，场面也是热闹非凡。每年农历五月二十四日，人们都要从五公庙中抬出神像游完贾家村的主要街巷（八尺巷）。五月二十五日请戏班唱完戏后，又将神像送回五公庙。这两日，人们都要带上供品到五公庙来祭祀，祈求保佑家人安康。

五公庙会源于五公庙，位于贾家村东南方向约500米外的，已有500多年的历史，相传是为纪念明代一位名叫谌飞龙的医生而建。谌飞龙是四川人，家中排行第五，从父亲那里学得祖传医术。有一年江西很多地方发生瘟疫，许多人染病身亡，贾家村也危在旦夕。当时贾家在四川为官的族人便恳请谌飞龙赴江西治病救人，谌飞龙立即赶到贾家村，冒着生命危险抢救病人。他医术精湛，医德高尚，对贫寒之人免费救治。谌飞龙在这里行医六十多年后去世，救治了无数病人。为了纪念谌飞龙，人们在村外修建了一座庙，里面供奉神像，因他排行第五，故名五公庙。

时光之河，万物流转，那些能在历史的尘埃中沉淀下来的，多是经得起岁月侵蚀的文化精华。经历了风雨的洗涤，经不起岁月的催促，高安畲山贾家古村渐渐消褪了往日的繁盛。然而，轻拂历史烟尘，我们依然能够窥见她远逝的风华。

清明如年 敬神如在

婺源县 理坑村

江西省国家级历史文化名村
江西省省级历史文化名村
中国传统村落

记忆的画卷慢慢打开，古村，古宅，小桥，流水，人家，岁月仿佛定格在这里，一切都凝结在这个古老的村落——理坑。站在山岭俯瞰理坑，这个隐藏在青山绿水中的徽派建筑群落，仿佛是天上的神仙无意间遗落在人间的一幅迷人画卷。

理坑村中的沱川余氏家族自古就流传着"清明大如年"的说法。祠堂祭祖是沱川余氏全族最隆重的大典。每到明清时节，祭祖仪式都会在理坑最具规模的余氏总祠——"衍庆堂"举行。理坑余氏祭祀祖先，仪典历来颇为讲究。每次祭祀之前，都要举行祭祀礼仪预演，唯恐礼仪不周祖先怪罪。余懋衡依照旧例重订的《沱川余氏宗谱·祠规》中规定："清明举行祭礼，凡与祭人员，务要三日前斋戒。至期先一日，齐诣祭所，习仪质明，肃恭行礼。如不赴习仪及临时违错者，公罚。"祭礼采用"少牢"之礼，这是古代诸侯、公卿祭祀宗庙之礼，仅次于"太牢"之礼。"祭品定供祭席十三椟（桌）。每椟（桌）殽五碟，果五碟，饼五碟，醋、酱油各小碟羹；堂上陈设酥饼一副，吹糖一副，祭盒二担，五谷五盘，红莲花一树，四时花四树，奠帛十三束，猪一口，羊一口，熏肉一肘，熏鱼一尾，鹅一只。凡祭品及酒，俱务精洁，庶灵顾歆。"

祭祀前一日，宗子及与祭者齐诣祭所习仪时，将会对"祭品、祭器备查停当，免致临时缺误"。祭祀由宗子主祭，执事人员依据担任的具体职务，分为"通赞"（又曰"鸣赞"）、"引赞"（又曰"引礼"）、"分献"、"司樽"、"司祝"、"司罍"、"司壶"、"司爵"、"司和羹"、"司焚帛"、"司乐"、"司饼"、"司胙"等。到祠堂参加祭祖活动的所有宗族支丁，"俱要各服本等衣冠，依班次序立在庙，肃肃不得喧哗，违者公罚。凡欲瞻拜者，须穿吉服，毋穿素服"。未冠孩童，此刻亦应立于一旁观礼，"俾自幼习知礼节"。

祭祀礼仪开始，香烟缭绕，钟鼓齐鸣，庄严肃穆。仪节程序遵照朱熹《家礼》中的规定，行"三献礼"（初献、亚献、终献）。整个祭祀过程相当复杂，繁文缛节，时间长达数小时，

清明节余氏祠堂祭祖场景

似乎非如此,不足以显示对祖先的虔诚。祭祖完毕,开始散胙(或曰"颁胙")、散福(或曰"饮福")和合馂(或曰"合食")。所谓散胙、散福和合馂,即参加祭祖的支丁在祠堂分领祭肉,部分参加祭祖的支丁在祠堂会餐。《沱川余氏宗谱·祠规》记载:"旧例祭日叙宴六人一席;猪肉一器,蒸干鱼一器,腐钉一器,酒二瓶,照昭穆坐。"后因人众桌繁,祠堂的厅内已不能容下,故于"万历三十九年(1611)起免宴,只散胙肉……每丁七两。"据传,明监察御史洪垣、户部侍郎江一麟和清翰林院编修查嗣韩曾先后到过理坑,以观礼身份参加过余氏的祭祖礼仪。清嘉庆九年(1804),婺源知县丁应銮观礼后大加赞赏:"雍雍穆穆,极合礼仪,无愧于书香大族大家。"并和当地文人学子谈诗论词,汇成《桃源唱和集》一册。民国初,婺源县知事冯汝简也曾来理坑参与观礼,亦和当地文人唱和诗词成帙,名曰《桃源续集》,乐而忘返。

沱川余氏每年举行祭祖盛典与日常运转,都需要大量物力和财力,在封建时代,这些费用主要是来自地租收入。朱熹曾在《家礼》中规定:"初立祠堂,则计见田,每龛取其二十之一,以为祭田。……宗子主之,以给祭用。"婺源是"文公阙里",在历史上,朱熹的话就是经典,人们大都奉行不悖。因此,各宗族均非常重视族产的设置。据《沱川余氏宗谱·祠规》记:"祠田,按弘治甲子(1504)春族众敛丁粮银共五十二两有奇,以备生殖。……至嘉靖末年(1566),田以亩计者六十有八。"正是得力于族产的长足发展,为宗族制度的生存奠定了物质基础,保证了宗族的各项活动能够正常举行和顺利完成。另外，旧时用于备荒的社会公益建筑"社仓"，附设祠堂是常例。早在清初，理坑村就曾设有社仓一座，作为岁时俎豆之地，遇灾荒用以赈济饥民。清康熙十六年（1677），族人余道生对此有详明的记述：

社仓本朱子良法。兵荒每难兼济。山多田少，通邑皆然；地瘠民贫，敝里为甚。乡先达曾输薄田数亩，为本祠作糜粥之赀。奈荐伏邻惊，昔存备荒者，今移备盗，且水冲山涨，昔为熟亩者，今作荒丘。清丈以来，册籍可证，共存浮稻六秤；虽无实田，岁有常额。除自康熙五年以及康熙十年已经何文鸿收过票证，续经十三年寇乱，荡废无存。今蒙抚台宪檄，生等身先倡导，力为劝输。虽十室九空，怅乐义之难为，而升载斗量、庶锱铢之，可积浮稻六秤，喜仍旧额。即附祠内存贮，此后有备无患。

社仓的建立，对扶孤恤贫、济急周乏起到了重要作用，为乡村社会救济奠定了物质基础，客观上为促进社会稳定做出了贡献。

旧时，在科学尚未昌明之前，沱川余氏相信，神灵是可以为仪式所操纵、是可以通过对其做出某种许诺，而让神灵屈从于人使役的。为此，在传统时代，沱川余氏为了生存和发展，为了神灵能够保佑村落族人的平安吉祥，同时也为了安慰民众的心灵，曾建立过许多功能不同的神祠庙宇。如：庙宇有"西风大圣庙""关帝庙"和"忠烈庙"，庵寺有"黄荆源庵"等。西风大圣庙是祭风神的，关帝庙祀的是关羽。古代把关公作为能镇祛一切祸祟的伏魔大帝，可以保境安民。"忠烈庙"，在众多信仰之中最为著名。忠烈庙奉祀的是徽州地方保护神——汪华。汪华是活跃于隋唐之际的地方割据势力。隋末天下动荡，兵戈不止，汪华被众人拥戴，攻取了歙、宣、杭、睦、婺、饶六州，自称"吴王"，保一方平安。武德四年，汪华归顺唐朝，持节总管六州军事，授歙州刺史，位上柱国，封"越国公"。死后谥号"忠烈王"。乡人为之立祠崇祀，称"越国公汪王神"，俗称"汪公大帝"。元代礼部尚书汪泽民，婺源浮溪人，曾写诗赞曰："绵帆忘返干戈起，天产英雄定六州。风云神异来车马，祠庙蒸尝拜冕旒。"

向远处眺望，山朗水丽，粉墙黛瓦，稻菽微澜，农夫躬耕，桃李放霞、梨花披雪，黄灿灿的花瓣点缀其间，宛然与世隔绝的世外桃源，乡民安然自得地享受着这田园风光特有的平和与恬静。理坑正以她独特的魅力招徕四海嘉宾，八方贵客。

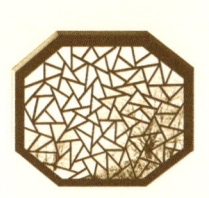

第四章
岁时节庆
——庄严与乐趣

第四章 岁时节庆——庄严与乐趣

岁时节令，是几千年来中华民族繁衍生息发展，在社会生产与生活当中约定俗成的各种集体性习俗活动，充分显示了先民们对天地万物运行规律的认识与把握。其中各种仪式活动，深刻反映了传统社会老百姓关于宇宙、时间、生命等方面的价值信仰与生活情趣，可谓亦庄亦谐。许多江西历史文化名村至今保留下来的各种岁时节庆风俗，既有与中国其他地方共同的一面，同时也承载了许多独特的地方与家族历史记忆。

喊船祈福

吉安市青原区陂下村

江西省国家级历史文化名村
江西省省级历史文化名村
中国传统村落

"彩绘龙舟庆下元,禳灾集福保平安。保佑乡团常清吉,门厅兴旺光招财。缓缓打鼓齐心喊,齐心喊好大王船……"十几位村民抬着一个木制龙舟,用方言大声唱着一首《喊船歌》。"喊船"队伍环游村庄,周围人群举彩旗、赶长龙、执銮驾,浩浩荡荡,嘴里模仿艄公号子呐喊,和围观群众一同喝彩。这就是吉安市青原区富田镇陂下村胡氏村民春节民俗活动"喊船"的一幕。

陂下胡氏尊南唐吉州刺史胡公霸为始迁祖。胡公霸后来归顺北宋,继任吉州刺史,其八世孙胡晃屡建军功,五十三岁时解职,隐居于富川潭溪,为潭溪派开基祖。千百年来,陂下胡氏业儒习武、仕宦经商,人才辈出。陂下胡氏秉承先人耕读传家、崇文重教的家风,也传承了先人留下的传统习俗,其中以"喊船"最有代表性。

陂下村"喊船"已被列入国家级非物质文化遗产名录。"喊船",通俗地说就是民间"求神祭神"或"接神送神"的祭祀活动,以祈求神灵保佑一方百姓平安,风调雨顺,社会安定,五谷丰登。由于文化传统、地理条件、村落组成及经济实力不同,江西吉安境内的"喊船"仪式的具体过程不尽相同,但结构基本一致,都是由"请神""唱神""游神"和"送神"等一系列活动构成,中间穿插娱乐表演。大年初一夜,陂下村便开始"喊船"值夜活动,每晚必喊,一直要闹到正月三十"下元宵"。

正月初一"请大神",是陂下胡氏全族性的祭神活动,一切由"神头"

"喊船"仪式

主持。"神头"的产生由宗族确定，村中安排以"房"为单位，轮流值班，当值的人家在新年前就要备好各种"喊船"时需要的东西，其中主要是鞭炮、香烛、纸钱、香油和果品等。"大神"其实是一张船画，请"大神"时，由道士按法事程序办，从右耳房请出，悬挂在耳房门前右山墙上，下置祭台香案。傍晚掌灯时分，轮值的男丁老幼，手捧"贺神文"，端坐在贺神桌前，按一唱一和的形式诵读。一人领唱，众人和男女老少都可参与，喊一会，歇一会，热闹够了才吃夜宵散场。

元宵节，又称"上灯节"，也是送"半月神"的节日，村里娶妻生子的称为"添丁"，这一天要请全村老幼及亲友吃"灯酒"，欢聚一堂。其间，添丁的人家会请来戏班子，搭台唱戏，村庄又会像"请神"一样热闹一番，所不同的是要将一部分"大神"先行送走。送到河边，将篾扎船、纸画船、草龙放入水中漂走，并将部分祭品烧毁，便宣告仪式结束。

农历正月三十,是"喊船"活动的"送神"日,也是陂下村一年中最为隆重的日子。这一天,十里八乡的乡亲都拖家带口赶到陂下村。陂下村"喊船"的程序主要是:一、点燃篝火;二、102名村民分三圈围着火堆;三、打神铳;四、燃放鞭炮;五、擂大鼓、打大锣;六、乐队奏乐;七、"喊船"队伍唱船谱喊船。"喊船"以对歌形式,歌声婉转悠扬。喊十分钟,唱完《喊船歌》,队伍开始起动,围着胡氏大宗祠"敦仁堂"走三圈,出"敦仁堂"院门上路,沿着村路游喊,禳灾祈福保平安,其间穿插着舞龙、打狮、神舞、放河灯等民俗节目。红色劲装、腰束黄绸带的壮年男子抬着镀金龙船,舞着长龙,十分阳刚;扮蚌精的女子身穿绿色彩服,更是比平日里多了几分娇媚;村民们举彩旗、赶长龙、执銮驾,浩浩荡荡,缓缓前行,嘴里模仿艄公号子呐喊,和围观群众一同喝彩……一路上鞭炮不断,唢呐声声,铳响连连,孩子们则随着喜庆的人群一路欢跳。沿途的各家主人早已燃起鞭炮,作揖朝拜,虔诚之至。"喊船"队伍每经过各房祠堂,都会进行祭祀礼仪,燃香烧纸钱。

村民在围观"喊船"仪式的进行

喊船名为喊，实则唱。其唱腔抑扬顿挫，韵脚悠长，为妇女儿童特别喜爱。词曰：

爆竹声残　漏亦干，（领，短声）　　鸿钧气转　岁开端。（和，长声）
乾坤万物　皆丽睁，　　　　　　　　宇宙群生　尽喜欢。
朝无幸位　君王正，　　　　　　　　国有贤臣　社稷安。
士女鸡鸣　相禁戒，　　　　　　　　宰相鹄立　侍朝恭。
学生入学　忙梳洗，　　　　　　　　耕者勤耕　早饭食。
泥牛鞭罢　祥风起，　　　　　　　　篦虎笑容　淑气还。
金星东作　晨光起，　　　　　　　　玉兔西飞　夜色阑。
彩云易散　灯花尽，　　　　　　　　明月难晋　烛影残。
铁骑立冬　居丑位，　　　　　　　　金牛唧日　出寅坦。
敬将客人　增十倍，　　　　　　　　亳孟妇女　望传肝。
公子醉歌　浑翠袖，　　　　　　　　佳人含笑　窥金鞍。
灯簇鳌山　开不夜，　　　　　　　　镜摩云汉　月初圆。
星辰落地　春长暖，　　　　　　　　火树烧天　夜不寒。
家家父老　光中笑，　　　　　　　　处处儿童　闹里钻。
淑酒存馨　随量饮，　　　　　　　　桃符换旧　不时新。
图图不禁　皆游遍，　　　　　　　　转眼今宵　又上元。
今岁上元　圆了了，　　　　　　　　明年此日　一船船。

道士赞诗，其曰：

龙舟到此方，　　　　　　　户户乐安康。
老得增福寿，　　　　　　　少者命延长。
读书登金榜，　　　　　　　耕者谷满仓。
求财万倍利，　　　　　　　财宝聚工商。
牛羊茁壮遍满山冈，痘麻疹子轻轻梳过，虎豹豺狼往他方。
火盗永殄口舌埋藏，出入迪吉无灾无殃，红颜坐草勿惊惶。
家阃成熟，　　　　　　　　千仓万箱。

风调雨顺，　　　　　　　　　　乐福无疆。
一年终四季，　　　　　　　　　百事大吉昌。

喊完第一通，稍事歇息，即喊第二通。词谱如下：

彩绘龙舟	庆上元（领）	禳灾祈福	保平安（和）
天京地府	来降福	府县城隍	总相随
当坊里社	皆迎迓	祖宗香火	悉周旋
敬将龙神	咸宜丰	春无淫雨	夏无干
保佑风调	并雨顺	扶持国泰	与民安
一愿耕田	成大熟	人民饱暖	不饥寒
二愿猪牛	常茁壮	无灾无障	保平安
三愿鸡鹅	多养育	生生不息	种相传
四愿公私	无祸难	官非口舌	尽埋藏
五愿谋营	多吉利	四方出入	免灾难
六愿时灾	常殄灭	家家户户	乐安康
七愿妇人	无产难	胞胎安稳	顺阴阳
八愿痘麻	成善熟	是男是女	命延长
九愿四时	无火盗	瘟风邪无	往他方
十愿神明	皆感格	家家降福	与降祥
船上儿郎	齐努力	扬威奋武	各争强
击鼓鸣锣	齐响应	摇旗打闹	要施张
开江引水	呼深浅	哨子吹风	闻短长
夺得金镖	先到手	便将花酒	赏儿郎
葫芦药瓢	俱收拾	针线花箱	净锁将
打弹牵弓	齐放手	偷鸡吊狗	悉还香
拆除营寨	各归去	荷起旗枪	赶快忙
香圆设案	当圆满	急转船头	返洛阳
归到洛阳	风景好	唱歌起舞	扬风光

和完船，小歇后，喊第三通，谱曰：

上元节届	景色鲜（领，短声）	处处花鼓	闹喧天（和，长声）
屈原相公	身沾病	七日八夜	失火缸
梦见大王	亲处解	相公许下	造龙船
许造龙舟	三百只	相公当日	面踪迹
吉日良辰	便下水	排在朱洲	王庙前
五无原是	相公女	红旗艳艳	手忙忙
屈原相公	五个女	分开五路	有根源
一娘分去	去邻里	二娘分去	月中仙
三娘分去	金湖上	四娘分去	过西川
只有五娘	年纪小	手把红旗	在江边
木船原是	鲁班制	纸船原是	许家传
纸画神船	挂丁钱	忙便烧起	好香烟
花鼓出自	雷州府	相公招取	斗龙船
行船大王	相对坐	儿郎船上	两边排
把篙一日	去三郎	把篙在手	橹不闲
专等五月	来相斗	手把红旗	跳上船
茶是深山	柏木叶	酒是黄龙	脚下船
众位父老	来商议	年年此日	送龙船

这次和完，则要燃放一阵鞭炮，表示圆船。仪式结束时，务必三划三号，即三呼"呜呼"。

"喊船"仪式最后的"圆船"环节

二月初二日，当值的"头家"要打米果，分发给全村各家各户。领喊人、和喊人、乐班等人，则需每人分三十个米果、豆腐两盘、俵菜二碗，水酒一般以够吃为原则，表示圆船这个礼节特别隆重。圆船的仪式为：

第一次起鼓，喊禳灾船，和彩绘。二艘采莲船，和爆竹。三艘禳灾船，和上元。每艘喊完时，务必二划二号。打神铙，大奏乐。

一停，头家献上果酒，给喊船人等吃。

第二次起鼓，喊禳灾船，和彩绘。二艘禳灾船，和爆竹。一停。

第三次起鼓，喊禳灾船，和彩绘。二艘禳灾船，和爆竹。一停。至半江要烧供茶酒，折启儿郎，右手擎一尊木雕菩萨，响神铳，小奏乐，一停。

第四次起鼓，二艘禳灾船，和上元。二艘采莲船，和彩绘。三艘禳灾船，和爆竹。三划三号，响神铳，大奏乐。一停，献上果酒。

第五次起鼓，喊禳灾船，和彩绘。二艘禳灾船，和爆竹。一停。

第六次起鼓，喊禳灾船，和爆竹。二艘禳灾船，和上元。圆船。

上供香饭，小吹小打，响神铳。众人在祠堂或庙里休息至天亮。

喊"天光船"，和彩绘，至"十愿"止。三划三号，响神铳。擂大鼓三通，杀神猪，大奏乐，吃果酒。将纸画船送至小溪边烧掉，圆船。仪式到此结束。

陂下村的重大事件皆有仪式，婚嫁以及做寿等都甚是隆重。岁时皆有节日，这就是平凡百姓的日常生活，岁月的层次感在这些周而复始的岁时节庆中展露无遗。在季节变换时来到陂下村走一走，看看时光的交替，感受岁月的荏苒。人生匆匆，这些斑驳的印记里记载着我们的青葱岁月，回眸之间，你会发现你曾走过的风景是如此美丽。

崇社团年

安义县罗田村

江西省国家级历史文化名村
江西省省级历史文化名村
中国传统村落

赣北古村，千年烟雨，交错纵横的巷陌，镌刻成历史的坐标，高大巍峨的牌坊，凝结为岁月的背影。当你远离了都市的喧嚣，徜徉于罗田古村之中，映入眼帘的一草一木、一砖一瓦，如诗如画，仿佛都在传唱着罗田村的千年故事。罗田古村位于安义县石鼻镇东北2公里的西山梅岭之麓。

罗田古村门楼

唐代广明年间（880—881），为躲避战乱，一个叫黄克昌的年轻人从蕲州罗田县只身逃难到此，当地何员外见他孤身一人，面带病容，衣衫不整，一副十分窘迫的样子，顿生恻隐之心，将他收留下来做长工。黄克昌聪明伶俐，做事勤快，深得何员外夫妇的喜爱，不久何员外便将独生女儿许配给他，把他招为上门女婿。此后，黄克昌与妻子男耕女织，勤俭持家。几十年后，黄家子孙成群，而且开垦出了一片片良田，建起了一幢幢房舍，把这里变成了一个人烟稠密的村庄。饮水思源，为了让后世子孙不忘祖籍，黄克昌就将这里定名为罗田。

千年的历史沉淀，罗田古村形成了丰富多彩、形式多样的节日民俗与民间娱乐习俗。罗田的春节从农历腊月二十四小年开始，至正月元宵结束，整个过程分为三个阶段。

小年，农历腊月二十四。从这天开始，罗田村各家各户开始打扫室内外灰尘，清洗家具和被褥，布置厅堂，悬挂祖先画像等，以迎接新年。当日中午，每家每户置办酒肴，全家欢聚共酌。晚饭后，主妇洗净锅灶，盛贮清水，在灶上摆上肉食和馒头、果品等，点烛鸣爆，并虔诚拜揖，欢送灶神上天奏善事，下地降吉祥，俗称"崇灶"。旧时，有的家庭还请道士念文书祷告，祈求兴旺发达。从小年日起，至除夕夜亥时正，店铺整理赊欠账目，上门收账。有钱者还钱，无钱者可以用实物抵账。

除夕，农历腊月二十九或三十为"岁除"，夜晚称"除夕"。这天家家户户忙于准备年席。中午时，用神盘盛好整鸡或猪头一只，上贴红纸，另盛好酒饭，置于祖宗牌位前的神桌上，全家男性，无论长幼，共同跪拜，点烛鸣爆，祭祀祖先，俗称"团年"。之后，还要到祠庙祭神，之后方进午餐，俗称"吃团年饭"。下午，再次对屋内外进行清扫，并在大门及厅堂柱上，贴上春联和门神门彩。至夜，吃"潽羹"（由薯粉、鸡杂、肉丁、荸荠丁、花生丁、豆干丁煮制而成），儿女晚辈给父母叩头辞岁，长辈则给小孩"压岁钱"。全家围火团坐"守岁"，直至深夜。最后，鸣鞭炮封门，谓之"封财门"。

春节，正月初一。凌晨，男人烧水洗脸，整衣，焚香点烛。随后开门"接福"迎春，鸣爆竹，选择"大利"方向行走数步，谓之"出方"。这天，早餐吃素，备有青菜、豆腐等四色素菜，取其"清清吉吉""四季发财"

罗田村金银巷

之意。晨餐后,男性60岁以上者和有文化的年轻人整束衣冠,坐家听候,往大宗祠集结,准备向祖宗拜年。当年管大宗祠的轮值房,早已备好乐器和香盘等物,吹打邀族人前往大宗祠团拜,团拜以族长为主拜,族长念祝文。文曰:

时维元旦,岁属新春。三阳开泰,万象更新。履端伊始,拜乎宜诚。伏惟吾祖,佑我孙曾。长幼男女,福寿康宁。士农工商,利就名成。春夏秋冬,四季利贞。东南西北,四方均平。人寿年丰,富贵万年。谨告。

团拜后,族人又分别往各自的房祠、支祠祭拜。从正月初二起,各家开始往本房长辈及外地戚友家拜年,各家各户备有果品迎客。同时,舞狮、彩灯等各项文娱活动也开始举行,直至元宵结束,唯初三为"大年日",专给头年故去的亡人灵位拜年,俗称"做新"。旧时的元宵之夜,村中大小庙宇锣鼓不息,在道士的主持下,众人取下庙中所挂的画轴,扫除残余香烛等杂物并送至河边焚化,俗称"送顺",指送菩萨上天。焚化杂物后众人禁声息鼓而回,关闭庙门而散。

元宵，正月十五，又称"上元节"，从十一日至十五日灯彩辉煌，有花灯、板灯、龙灯和高跷、彩船、舞狮等。各户门前皆悬挂"檐灯"，以示消灾去秽。彩灯所到之处，锣鼓喧天，鞭炮齐鸣，热闹非凡。当夜，合家欢聚吃"汤圆"。

蚌壳灯

罗田的清明扫墓，叫作"挂青"。当天，各户备酒、菜、纸烛等到亲人坟前扫墓祭奠，培土挂纸以示哀悼。上山扫墓者多为青少年。长辈和士绅们则集于宗祠，备礼举行祭祖活动。祭祖中的一项重要活动是上新丁，叫"上谱"。凡一年来出生的男女及黄姓子弟所娶的媳妇，其家长开写生庚，由执笔人逐一登记于族谱，家长要出红包酬谢。另外，主持者要给在场者散发茶仪钱。这日，除扫私人家墓外，还要祭扫公共的祖坟。祭扫公墓时，要备酒席宴，称为"吃清明会"。

采莲船

罗田村的民间娱乐活动丰富多彩，长年不断。包括安义唢呐、采茶戏等传统民俗文艺；龙灯、板灯、马灯、花篮灯、蚌壳灯和采莲船等民间灯彩；还有耍龙、舞狮、拳术、棍棒、划龙舟、滚龙灯、舞狮子、踩高跷等民间项目。

安义的唢呐有近500年的历史，70多个古曲目，2000多唢呐手，只要有婚丧节庆等活动就会看到他们的身影，为数不少的唢呐之家，用鼻或双呐齐吹者大有人在，能吹奏能制作的高手也不乏其人，造就了安义唢呐的辉煌。

安义民间彩灯种类繁多，每逢新春或重大节日、重大活动，民间灯彩就会活跃于城乡各地，深得村民喜爱。

龙灯由龙头、龙身、龙尾组成，共七节、九节不等。有游龙与滚龙之分。游龙又叫"懒龙"，只游不舞，在安义石鼻镇、黄洲镇一带很常见，滚龙则需要另加龙珠一节，龙灯随着龙珠方位上下左右翻滚。

板灯在木板上装上灯笼即成。灯笼盏数视各户男丁而定，一户一板，一村连串成一条，因此一条灯少则十余板，多则上百板，领头者为灯头，

安义唢呐

需要另加花饰,由各户轮番充任。板灯在安义县、万埠镇一带非常盛行。

马灯又名跑马灯、走马灯、跑布马、竹马灯,用竹篾扎成马的形架,糊以彩纸,绘上图案花纹,分前后两节,系在表演者腰间做骑马状,配上管弦、打击乐器,边舞边唱。表演形式大同小异,一般都是"扶鞍徐行""扬鞭疾驰",或在崎岖道路上"艰难行走",或在平原上"风驰电掣"。通过表演以示驱鬼神,保平安,庆丰收,迎新春。

花篮灯由纸扎而成,形状像花篮,盛以纸质花草,通常有春牡夏荷秋菊冬梅四种颜色,工艺精湛,表演者肩挑两篮,配以管弦乐器作舞

蚌壳灯用竹篾扎成蚌壳形,裹以红(黄)布,由两个人表演,一人扮蚌姑、一人饰渔翁。渔翁提网追游蚌,蚌姑启闭蚌壳避匿,在音乐声中,以渔翁得蚌而告终。

采莲船又叫作船灯、花船灯、彩龙灯、船鼓等。其实是无底纸船,采莲女身披彩带立于其中,艄公两人侍两侧做撑船状,并与采莲女调情做戏。另外还有艄婆者,身穿女式大褂,手摇蒲扇,四个人配合默契,协调诙谐,饶有风趣。民间传统的采莲船,在逢年过节伴随龙灯、花篮灯、节节高等灯彩即兴表演。配上新歌词,用锣鼓、二胡、笛子伴奏,内容喜闻乐见,

罗田村婚俗

村中喜事流水席

歌唱优美动听，舞蹈活泼风趣，伴奏热烈欢快，具有浓郁的乡土气息。

这些千百年来积淀下来的古村民俗文化活动与日常的生产、生活密不可分，并一直延续至今。现在，古村村民还会定期举办地方戏剧表演，让游客亲身感受具有浓郁地方风情的乡村生活。

欢快的安义唢呐，响彻了每一个罗田村人的心扉，也吸引了好奇的游客驻足观看。声声唢呐是村人对美好生活的憧憬，体现了罗田村的淳朴民风。从蕲州罗田县到安义罗田村，黄氏子孙们依旧保留着黄克昌当年吃苦耐劳的精神，这种精神就像一颗种子，深植于每个罗田村人的心中，代代相传，开花结果。

烧塔闹灯

永新县 樟枧村

江西省省级历史文化名村
江西省省级传统村落

樟枧村是一个刘姓聚族而居的传统村落,始建于宋朝。据樟枧《刘氏族谱》记载,樟枧刘氏源出于安福荆山派,宋太祖赵匡胤征南唐时,其祖"德言公"以军功授水部员外郎,封开国男。德言公传至十一世彦升公,迁至永新环浒,其子贵清公始开基白茅洲,即今樟枧村。樟枧建村,距今已有近千年,有着悠久的历史文化传统,留下了丰富的文化习俗。这里的樟树是那样繁茂,密密匝匝的树叶,像打了蜡似的,朦胧地发出瑞泽的光芒。樟树林中的樟枧村,就如一位婀娜多姿的少女,一脉碧绿沁凉。

八月中旬,中秋之夜,满月当空,举杯团圆,这是一个丰收的节日,在江西吉安境内一直有烧塔赏月的传统,祝福生活像火焰一样红红火火。据说,元朝蒙古族统治中国后,采取民族歧视政策,剥夺汉族人民群众的许多权利,并采取监控措施,对百姓活动进行监视,人民没有自由。元朝统治者把五户人家编成一甲,由元朝政府派一名蒙古人充当甲长。蒙古人在各乡村作威作福,勒索百姓钱财。元朝末年,黄河连年水灾,物价上涨,人民流离失所。一些爱国志士便纷纷奋起反抗,并事前密约于八月十五这一天,在空旷地方用瓦片砌塔,燃烧猛火,作为行动信号,一起行动,推翻蒙古人统治。从此,烧塔便成为中秋习俗而流传下来了。

还有另外一种传说,说烧塔是为了纪念民族英雄文天祥。据史书记载,南宋末期景炎元年(1276)正月,文天祥被元兵扣留,元兵将他押解北方,行至镇江时,文天祥冒险出逃。经过许多艰难险阻,终于到达南剑州(治今福建南平），指挥抗元。不久，文天祥又先后辗转福建汀州（治今福建长汀）、漳州龙岩、广东梅州等地，联络各地的义军，坚持抗元斗争。景炎二年（1277）夏，文天祥率军由广东出兵，进攻江西，在雩都（今江西于都）获得大捷后，又以重兵进攻赣州、吉州（今江西吉安，文天祥家乡），陆续收复了许多州县。后来，元朝江西宣慰使李恒在吉州及兴国县发动反攻，文天祥兵败。

"烧瓦塔"场景

祥兴元年（1278）秋，文天祥在吉州、兴国等地收集残部近万兵力，准备再次反攻。当年农历八月十五中秋之日，文天祥的部队会合在江西泰和县早禾市（今禾市镇）牛吼河边上的一个小山村（后被明朝命名为"国渡村"）。这一天，禾市的老百姓在牛吼河上用自家门板、茅草架设了一座浮桥，供文天祥率军渡河抗元。当天晚上，当地的老百姓拿出家里所有的米、饭酱（月饼），摘下树上所有的柚子、桔子送到文天祥的军营。文天祥率全军及老百姓共万人在渡口边上拜月神，祈求早日收复失地，国家兴旺发达。月圆之时，村民们在渡口用砖块和瓦片砌成一个高约三米的大塔，并搬出所有的稻草，不停地放进去燃烧，塔身通红，塔火明月相映生辉，照亮了整座浮桥。到下半夜时分，数万抗元将士全部安全渡过了牛吼河。后来每年中秋夜，老百姓都会在渡口边上砌起灯塔，然后通火，以纪念这位家乡的爱国民族英雄。从此，中秋烧塔的习俗在江西各地逐渐传播开来。目前禾市镇及附近的吉安指阳乡，每年中秋节及前后三天都会烧塔。村民们在宗祠门前或者在空旷的田野上叠砌"瓦塔"，人们齐心协力，瓦塔烧得越旺，则代表今后种养会更加顺利，全村会更加兴旺发达，这是人们对丰收的美好寓意。

在一年一度的元宵节（又叫"灯节"）到来之际，樟枧村又有龙灯闹元宵的节日习俗，这个习俗由来已久，村民们认为它具有驱邪、禳灾、祈福、巡界的作用。在元宵节的前两天，樟枧村的龙灯狮队便开始走村串户，拜门庭、贺喜庆、舞龙、舞狮，并兼演武献艺。所到之处，锣鼓喧天，鞭炮齐鸣，观者云集，受贺人家各备红包赏谢。然而，有意思的是，每年的红包条目中不仅有红事户，还有白事户，原来，樟枧元宵闹龙灯主要是在十三、十四、十五、十六这四天举行，各房派都有自己的龙灯。农历十三那天闹龙灯，主要是村落中在当年有过喜事的人家，如建房、收亲（娶媳妇）、嫁女、添丁等。通常各房派会以祠堂的名义发帖，帖式"某某堂龙灯拜"。如此，喜事人家必具香烛、爆竹迎接龙灯，接受祝福，并封红包一个，金额为平时的双倍。农历十四闹龙灯，则为当年有丧事的家户，十五早上，龙灯还被请到新丧者墓地，丧家为此也须封赠红包一个，以示谢意。十五晚上，龙灯举行祈禳之术，目的在于驱除孤魂野鬼。此外，抬着龙灯在各自房派的边界绕境一圈，借此以宣示各自房派的边界。农历十六一大早，乡亲们就会举行散龙灯火仪式。然后龙灯队成员聚餐，经费来自各户的封赠，剩余的款项则留在祠堂以作公用。此后，举行最后事项——议事，即讨论房族中上一年发生的事情，以及下一年需要举办的事宜。元宵节的宴席，菜肴丰美仅逊于过年。傍晚，田头地角、牛牢、猪栏等处要用蒿草熏烟煴火，意为灭虫。入夜，门灯高悬，灶台、窗台、门前皆点燃蜡烛，并向房舍暗处燃放大爆竹惊吓老鼠，合家吃汤圆米果，或喝"糊羹粥"，谐称"糊田界"。

舞龙用具

除了正月的闹龙灯习俗，樟枧村还保留了一项传统的民俗技艺，那就是锣鼓。锣鼓是樟枧村的特色文化。相传刘敩任湖广按察使时，其母病逝，回家丁忧守制期间，将其在天顺八年任贵州按察使的西南锣鼓花样传到村里，并结合本地锣鼓的打法，创造了一套舞龙灯、迎送嫁娶的锣鼓套路和表演方式，得到十里八乡的赞誉，流传至今。樟枧锣鼓不仅套路多，且花样新颖，可欢快激昂，也可低沉回转，听着锣鼓声，就知道村里在办什么事。如今，村里组建了农民剧团，配以大中小鼓、腰鼓、唢呐等，在继承樟枧锣

樟枧腰鼓

祭祀锣鼓

鼓的传统上不断创新,堪称一绝。曾在各种文艺表演中,夺得好名次,并多次参加巡回演出。因此,樟枧村的文化事业被评为全县"五个一"的重点村,锣鼓技艺得到越来越好的传承与发展。

人们依然在这块土地肥沃、资源富饶、钟灵毓秀的家园上追求他们的幸福与和谐,孜孜不倦。传统的生产生活与节庆习俗,依然在此得以传承,生生不息。这是一个名副其实的"看得见山,望得见水,记得住乡愁"的传统村落。

上梁文起嫁歌

乐平市 涌山村

江西省省级历史文化名村
中国传统村落

漫步在涌山村的石板路上，穿梭于村中一座座古建筑之间，历史的长卷在人们面前渐次打开，让人不由产生一种怀古论今，感叹岁月悠远、时光凝聚的幽思情怀。

涌山村的故事，还得从它的名字缘由说起。涌山村位于江西省乐平市东北部，村庄始建于唐代，因其山明水秀，初名"锦溪"。后来又因鸡公山、鸡母山环抱集镇，涌山河贯穿全境，故取"两山一水谓之涌，山南水北谓之山"之意，得名"涌山"。

在涌山，人们最引以为自豪的就是戏曲文化。涌山戏曲历史悠久，内容丰富，形式多样，深得当地百姓喜爱。在涌山村，每逢春节、元宵、端午、中秋、重阳，或子弟升学，接风剪彩，新屋落成，婚丧嫁娶以及修谱、开谱，"攀华宗"，接娘娘，建寺庙，祈福祛灾等等，都要堂而皇之请戏班演出，演出的剧种主要为"赣剧"，又以"乐平腔"（"高腔"）为最。一次演出的时间或三五天，或七八天不等，演出活动夜以继日，村民看戏如醉如痴。凡是上点年纪的人无不谙熟剧情，唱做打念，心中有度。在涌山当地，不同的时间会演出不同的戏目。

说起"乐平腔"，不得不提及它与"赣剧"的形成与发展之间的关系。据戏剧专家考证，浙江永嘉戏曲（即"南戏"）在宋室南渡之际盛行，之后于南宋中晚期由浙江传入江西赣东北及赣中，一直到元末明初，才在江西演变成"弋阳腔"。明代嘉靖年间，弋阳腔又继续演变出"乐平高腔"。同在明代嘉靖年间，浙江"海盐腔"也传入了江西，并受"弋阳腔"的影响，逐渐演变形成了"宜黄腔"。由此可见，赣东北出现了"弋阳腔""乐平高腔"和"宜黄腔"三个相互关联的戏曲腔调。1950 年，江西戏曲专家学者，乐平人石凌鹤等人将赣东北的戏曲（含乐平高腔）糅合，最终形成了今天的"赣剧"。

乐平市是戏曲之乡，也是古戏台之乡。明清两代，乐平市戏剧繁荣，戏台也随之出现并增多，逐渐成为与戏剧血肉相连且并驾齐驱的独特建筑艺术。涌山传统戏台的雕刻都极其精美，但再美的戏台，都要与它的实用价值相结合。戏台作为涌山人民生活的重要组成部分，对于创造并传承它的群体和个体而言，具有重要的影响作用和实用价值。有研究者认为，乐平是赣剧流行的腹地，而赣剧又是以搬演宫廷大戏为主的剧种，戏台雄伟壮观是为适应演出风格。然而实际调查显示，乐平市及涌山村真正表演的实际人数都不多，包括演奏人数不足10人。也有人认为，乐平戏台多，说明这里的人好戏。如此解释固然有一定的道理，却不能说明戏台的全部。中国农村，几千年来始终保持着氏族宗法血缘传统，聚族而居、同姓一村，这种传统又通过宗谱和祠堂不断得到强化和巩固，戏台的出现则使这种传统达到了极致。宗谱是维系宗法关系的纽带，祠堂一般不许外姓涉足，那么，有关宗族的荣耀，小到添丁进口，大到升官加爵，便只有通过戏台向外界尽情地展示。没有一座庄重雄伟的戏台来举行隆重的仪式，是不可想象的，于是，戏台又多了一重功能——衡量宗族经济实力的天平。

乐平戏曲的繁荣，还与当地的"攀华宗"活动紧密相关。平时，乐平当地各宗族之间少不了拉拉关系，联络感情，"走亲走亲，越走越亲"。但宗族之间毕竟不像一般的家庭，并没有什么生日、上梁、红白喜事。于是，戏台又成了维系宗族感情的纽带，游台庆典虽然只有一次，但重修庆典，请对方戏班来演演"华宗戏"，却是随时可行的。

涌山工匠在建民居或者戏台的过程中，一般都要有"上梁文"并喝彩，以下是乐平涌山戏台中伐木选栋梁、上栋梁时"祝梁""缠梁"的两段彩词。

"祝梁彩"

伏以：

天地开张，日祝时梁。

时梁时梁，听我言张：

生在何处，长在何方？

生在昆仑山上，长在紫金路旁。

鲁班先师，打马经过。

瞧见此树，为做栋梁。

待转马，扭转缰。

我与贤东作商量，贤东出得黄金万两，判买山庄。

贤东走到十字街上，碰到二位高明的锯匠。

星星去去，去去星星，

来到昆仑山上，到了紫金路旁。

抬头一看，有乌纱盖顶，

低头一看，有九龙盘根，

中间一看，一字弯弯好做万年栋梁。

头斧砍来，鱼鳞灿灿，

二斧砍来，放豪光，

千斧万斧，放在重阳之地，

千人不可乱动，万人不可乱移。

鲁班仙师，腾云驾雾到马前，

鲁班师傅当头来吊线，各位师傅站两旁。

大锯锻兜，金鸡叫，

小锯锻表，凤凰啼。

长刨刨去光似锦，短刨刨来放豪光。

两头坐起龙牙凤桦，中间挂起双凤朝阳。

栋梁栋梁听我言，我今嘱你三件事：

第一件，风调雨顺、国泰民安；第二件，六畜兴旺、五谷丰登；第三件，身体安康。

自从我今祝梁后，荣华富贵与天长。

"缠梁彩"

伏以：

手拿绫罗数丈长，绫罗本是出在苏与杭，

苏杭女子真乖巧，织起绫罗缠栋梁。

涌山村王氏宗祠中的戏台

乐平腔戏曲表演

一缠二缠生贵子，三缠四缠状元郎。

好男生五个，好女生一双。

大公子一品宰相，二公子兵部侍郎；

三公子百官得中，四公子状元回乡，

五公子年纪虽小，送进孔夫子学堂

几年私塾已读，到后来解过一十三县钱粮。

还有两位女儿：

大女儿在东边楼上挑花绣朵，二女儿在西边楼上锦绣鸳鸯。

挑花绣朵有好处：

锦绣鸳鸯，百岁老母是牌坊。

自从我今缠梁后，后代儿孙万万年。

涌山另外一个著名的传统习俗叫"哭嫁"。涌山人结婚，女方初婚称"起嫁"，改嫁称"出嫁"，男家称"聚亲"。涌山村有一首《女起嫁歌》，是哭嫁时流传的一种歌谣，歌词的开头部分是这样唱的：

风吹桐叶落洒洒，母女二人赶绣鞋，今冬八月婆家娶，如何舍得我乖乖？

择日良辰遵父命，真是假媒传真媒，我儿生得真聪明，琴棋书画自知音，挑花绣朵自己晓，免得低头求别人。

本月来日婆家娶，儿在东来母在西，娘在家中常挂念，儿在婆家哭啼啼。

去到婆家做媳妇，记得为娘教你们，敬重公婆和妯娌，夫妻言语两相音。

旁人说你有家教，免得为娘挂在心。

我儿不知容情事，为娘不说你不知，先把儿子来说起，没把女儿表分明。

读书要把书为正，纵不成名不误人。务实耕种勤为本，家有余食免求人。

男人要做男人事，女人要做女人工。绩麻纺线能织绢，裁布补衣针指先。

绣房切莫离针线，绣起鸳鸯枕上眠。

在这段唱词当中，母亲在哭唱之中把对女儿在夫家应尽之事理和教诲娓娓道来，"敬重公婆和妯娌，夫妻言语两相音"讲的是孝敬老人，和睦

王氏新娘拜亲仪式

家庭。"务实耕种勤为本，家有余食免求人"，"男人要做男人事，女人要做女人工。绩麻纺线能织绢，裁布补衣针指先。绣房切莫离针线，绣起鸳鸯枕上眠"则是叮嘱女儿以后要与丈夫勤于生理，各司其职。

嫁女当天，男方娶亲队伍前来，女方家中置办嫁女酒席，做母亲的在女儿迈入迎亲花轿之前，更有许多话儿要再一次细细地叮嘱女儿，歌词是这样唱的：

此事未曾说尽话，门前轿马乱纷纷。听得铜锣三下响，一乘花轿到堂前。
大小男妇都来看，铜锣喇叭闹洋洋。堂前客到叔兄抵，厨前灶后乱忙忙。
就敬我儿十杯酒，细细滔滔哭一场。一尺三寸养大你，不离左右不离身。
前堂坐的有轿马，后堂坐的是媒人。客馆内面摆酒席，我儿今日做饯行。
手提酒壶敬儿酒，我儿宽心饮几杯。
一杯酒来满敦敦，娇生娇养到如今。我儿是个男子汉，朝朝暮暮在娘跟。
我儿是个裙钗女，女生外向奔别人。养的我儿身长大，谁知又是别家人。
二杯酒来满敦敦，为娘敬儿记在心。本等我儿嫁妆满，手里无米难做人。
好似快刀刮娘肉，母子连肝两分离。好儿不要尽田地，好女不要嫁妆衣。
三杯酒来满敦敦，你到婆家要小心。敬重公婆是本分，敬重丈夫是善妻。
堂前高椅轮流转，媳妇也有做婆时。敬重前代有后代，后代儿孙照样行。
不信但看屋檐水，点点泪泪不差移。
四杯酒来满敦敦，丈夫打骂莫作声。我儿莫嫌丈夫丑，三丑四相是善人。
夫妻吵闹常时有，结发夫妻无高低。一夜夫妻百夜恩，百夜夫妻海样深。
前世修来同过渡，七世修来共枕眠。夫妻好似同林鸟，红罗帐内又团圆。
五杯酒来满敦敦，妯娌和顺家不分，倘若妯娌来相骂，家丑莫把外人传。
抛头露面往家走，披头散发转家门。别人看见也耻笑，笑你也是丢闺门。
六杯酒来满敦敦，你到婆家要惊心。等天将明早早起，梳头洗面换新衣。
堂前地下勤勤扫，件件家伙好收拾。男要勤来仓仓满，女要勤绩得衣穿。
锅前灶后要仔细，提防火焰要小心。家中应时有来用，免得低头求别人。
七杯酒来满敦敦，三餐茶饭要检心。早米下锅捉火色，不烂不硬正相当。
青菜下锅烧大火，油盐合口不须多。常将有时思无时，莫把无时作有时。
茶酱有时长于广，如有喉咙比海深。

八杯酒来满敦敦,宾客来到要起身。丈夫堂前陪客坐,我儿厨房办点心。
丈夫出外有人敬,家中有好善德妻。家有善妻免外祸,免得旁人说是非。
九杯酒来满敦敦,你到婆家要勤心。土布作衣勤勤洗,赛过绫罗绸缎衣。
会用不在家豪富,风流不用着衣多。我儿莫为下贱女,插花打粉似妖精。
我儿莫交风流汉,莫交风流汉子身。世上只有年少女,惹他汉子难脱身。
十杯酒来满敦敦,你到婆家莫变心。家有黄金不为贵,一家和顺值千金。
为娘劝你十杯酒,我儿牢牢记在心。

细细听来,细细体味,一杯酒、二杯酒表达是母亲对出嫁女儿的依依不舍。三杯酒至十杯酒则是叮嘱女儿为人妻以后,在夫家要孝敬公婆、敬重丈夫、和睦家人、勤于生理、顾惜名声等等为人处世的基本道理。早在东汉时期,著名的女史学家、文学家班昭就曾撰有《女诫》一文,里面详细讲述了女性为人处世的方方面面,其中《妇行》一节特别讲到:

女有四行,一曰妇德,二曰妇言,三曰妇容,四曰妇功。夫云妇德,不必才明绝异也;妇言,不必辩口利辞也;妇容,不必颜色美丽也;妇功,不必工巧过人也。清闲贞静,守节整齐,行己有耻,动静有法,是谓妇德。择辞而说,不道恶语,时然后言,不厌于人,是谓妇言。盥浣尘秽,服饰鲜洁,沐浴以时,身不垢辱,是谓妇容。专心纺绩,不好戏笑,洁齐酒食,以奉宾客,是谓妇功。此四者,女人之大德,而不可乏之者也。然为之甚易,唯在存心耳。

如果译成白话文,大概就是说,女子的日常行为规范有"妇德""妇言""妇容""妇功"四个方面。班昭认为,讲"妇德",不必富有才干、聪明绝顶,而是做到幽闲贞静,敬慎守节,有羞耻心,行事符合礼仪。讲"妇言",不必伶牙俐齿、辩才过人,而是选择善言,不道恶语,以免伤害人。如果等到事情过后再加以详说,自然也就不会招人讨厌。讲"妇容",不必颜色美丽、娇娆动人,而是做到衣服不论新旧,都洗得干干净净。按时洗头洗澡，使身体洁净。讲"妇功"，不必工巧过人，只要专心纺纱织布，不好与人嬉笑玩闹，备好酒食饭菜，以招待宾客。在班昭看来，"妇德""妇言""妇容""妇功"四个方面，是女人的大德，缺一不可。而想要做好这些并不难，只要真正用心就行了。如果将《哭嫁歌》中母亲十杯酒中的唱词，与近两千年前班昭所说的《妇行》文字两相对照，我们不得不佩服《女诫》一文的高度概括力，乐平涌山人民用《哭嫁歌》的哭唱形式，来表达对出嫁女儿的祝福与期待，质朴当中透着高明，令人欣赏。正如歌词最后部分唱到的那样，"虽然一本起嫁记，万古千秋永传名"，《哭嫁歌》中母亲叮嘱女儿在夫家孝敬公婆，团结妯娌，夫妻和睦，无形当中也使得涌山当地形成一种孝敬父母，团结家庭的美德，有助于维护涌山村尊老爱幼，团结友善的生活气氛。

  涌山村是一个美丽而富饶的乡村聚落，在这里，人们不仅可以欣赏到古村丰富多彩的戏曲戏台文化，领略到涌山传统的民俗风情，更可以学习到涌山人孝敬父母，和睦家庭的美德，涌山村融自然山水、民风民俗为一体，承载着厚重的地域文化记忆，寄托着人们心灵深处的乡情。

迎故事 唱山歌

寻乌县 圳下村

江西省省级传统村落

金鼓喧阗的"迎故事",韵味悠长的山歌小调,熙来攘往的庙会,繁星点点的"香火龙",勾勒出一幅幅圳下村民俗、节庆的画面。这些民俗、节庆走过了历史,伴随着生于斯长于斯的圳下村人,向我们诠释了"一方水土养一方人"的真谛。

圳下村,坐落在江西省赣州市寻乌县吉潭镇东南,是一座历史悠久的千年古村。村中有杨、刘、潘、张四姓,他们在这片土厚人淳之地和睦相处,安居乐业。长期的生产生活实践,圳下村逐渐形成了以"迎故事"、唱山歌等为代表的民俗活动。

"迎故事"是寻乌县特有的客家民俗活动,2016 年被评为江西省第四批非物质文物遗产代表项目。所谓"迎故事",即以历代传说故事、戏曲及现实生活中的人物或情节,进行人物造型。以 2 个以上的小孩化装成某出戏中的人物,固定地坐或立在特制的木架上,即"故事棚"。"故事棚"为船状木架,用花布、彩布、花环装饰起来,周边缀以密密麻麻的五彩小灯,内铺木板。"故事棚"由青壮年抬着游乐,由于阵容强大,节目丰富,表演精彩,为人们所喜闻乐见。

寻乌"迎故事"中常见的有"唐僧取经""白蛇传""桃园结义""八仙过海"等等。时至今天,这一活动又有新的创新发展,在传统基础上加进了一些现代人物造型及科学成分,如"火箭上天"等,深受群众欢迎。中华人民共和国成立前,寻乌县城及澄江、吉潭、晨光、菖莆、留车、南

"迎故事"之《观音赐福》

桥、大圩镇、长举、车头、圳下等一些大村庄均举办这项活动。人们通过这一盛大的民间娱乐活动,祈求风调雨顺,国泰民安,表达美好的心愿。"迎故事"是寻乌客家人在长期的生产、生活实践中创造、总结出来的一项客家民俗活动,这项活动历史悠久,乡土气息浓郁,自成一体,在寻乌当地广泛流行,久盛不衰,是人们精神文化生活的重要一章。

寻乌山歌是极具特色的民间文艺,2014年入选寻乌县第三批非物质文化遗产保护名录,在寻乌全县的文化生活中占有重要的地位。解放以前,寻乌山歌多着眼于普通民众生活的艰辛,如:"土豪枭谷贵如金,一个花边七八升,叽里咕噜磨左索,弄去型转弄穷人,穷人苦情真苦情。"但也有一些反映爱情的作品,这种山歌最受群众欢迎和传唱。寻乌山歌在表现手法上,通常采用类比、借喻的形式,借物抒情,托物言志。如:"赤米煮粥满锅红,甘愿同郎唔怕穷;只要两人情义好,哥哥讨饭妹背筒。"中华人民共和国成立以后,大集体生活为寻乌人民群众提供了丰富的素材,山冈田间,劳作休闲,都是唱山歌的好地点和好时机。不论男女老少,寻乌人都喜欢用山歌表达喜怒哀乐,山歌内容多取材于生产生活、市井风情、男女情恋等,语言纯朴,朗朗上口,既有幽默、诙谐、调侃的韵味,又有富含哲理、借喻、抒情的特质。

随着社会的进步与发展,寻乌山歌的创作及内容素材也不断地进行着自我更新。到了现代，特别是改革开放以来，由于生产生活方式的转变，寻乌山歌逐渐淡出人们的生活，主要传唱的对象是中老年群体。近年来，在寻乌县有关部门的带动和引导下，唱寻乌山歌的群体逐渐增加，创作的内容也紧跟着时代的步伐，充分结合当前党和政府的大政方针。如在实施赣南苏区振兴发展中，寻乌各乡村也进行了土坯房改造，有一些山歌就针对这项活动而作，如"听到土房要改造，寻乌百姓放鞭炮；房改政府很重视，寻乌人民齐赞好"。"拆了烂屋栋打栋，挑进钢筋方打方，等到新屋做啊起，你哇漂亮唔漂亮。"寻乌山歌是寻乌重要的非物质文化遗产，由于与百姓生活最接近、最有亲和力，开始迸发出新的生命力。

圳下庙会因当地一座著名的寺院——鼎兴禅院的存在而流传千年之久。圳下庙会一年有三次：一次是二月份的"启福"，祭拜的对象为"孔夫人""五谷神""神农氏"三大神，时间为每年的农历二月十五，表示开启一年的吉祥洪福之运程。一年收成到十一月基本结束，为了感谢"三神"的庇佑，农历十一月十五日举行"还福"。而圳下最大型的庙会是在农历八月初二，这种庙会是为了纪念鼎兴禅院具有传奇色彩的住持马莲生法师而举行的。

当地现在仍然口耳流传着许多关于马莲生法师的传奇故事，其中最为著名的是"圳下'牛角潭'的故事"。相传外地一牛贩子经过马莲生法师所在的鼎兴禅院，见寺院门前田间耕作的妇女很漂亮，就唱起"下流山歌"调戏妇女，马莲生看不过去，就劝导牛贩子，牛贩子因为没有妇女和他对唱本憋了一肚子气，又见一和尚教训他，顿时火冒三丈，对他大吼。马莲生见此人蛮不讲理，便想教训他一番。于是他一扳手指节，口中默念咒语，拾一小石块使法后丢于禅院门前的路中央。牛贩子赶的都是黄牛，按理是不会下河凫水的，不料牛群一跨过小石块后，纷纷跳进旁边的圳下河凫水不起来，任牛贩子怎么折腾也赶不上岸。牛贩子这才明白遇到了高人，当即"扑通"一声跪在法师面前，并向他和妇女赔罪。法师见牛贩子态度诚

寻乌山歌表演

恳，于是解法，黄牛才全部上岸。从此，这个黄牛凫水的地方被圳下人称为"牛角潭"。马莲生去世后，圳下人把他尊奉成菩萨供养起来，每年农历八月初二为马莲生法师的生日，村里会举行隆重的纪念活动，纪念活动那天，全村家家户户都为庙会准备，届时，还有上刀山、下火海、捞油锅、唱大戏等民俗表演。

香火龙

鼎兴禅院右侧有"文昌阁"，据《寻乌县志》记载，圳下村文昌阁始建于明万历三年（1575），在庙会期间，当地村民家中若有子弟升学或考取功名，都会前往文昌阁祭拜，表达圳下村民祈祷文运昌盛的美好愿景。

香火龙是寻乌特有的民俗活动，在夜间进行。香火龙一般有五节、七节、九节之分，多至数十节，龙的制作就地取材，龙身主要由30至40厘米长的芭蕉干或稻草做成，龙头为稻草，龙身为芭蕉叶或稻草，龙头龙身插

文昌阁

满香火。打香火龙有很多穿插、盘龙和滚龙动作，夜间滚龙，只见火星点点，往来穿梭，犹如划过的一线线流光，煞是好看。打香火龙结束后，主人会从龙头上拔下一炷香，摘下"龙香"象征来了"龙"，就会人丁兴旺、幸福长留，将香插于家禽、家畜圈门楣，据传也可避瘟防疫。"打香火龙"从春节打过元宵，一直打到正月十六，正月十六是打香火龙活动最高潮的一天，也是结束的一天。正月十六以后，还要举行"送龙"仪式，"打龙"队伍敲锣打鼓、鸣放鞭炮来到河边，剥去"龙皮"并用火烧毁，剩下"龙骨"留着来年"打香火龙"再用。

岁月流淌，如白驹过隙，倏忽千年。迎故事、唱山歌、庙会、香火龙，圳下村所保存留传的这些乡风民俗，是圳下村千年历史积淀的一个投影，表达了当地百姓对美好生活的向往，同时也折射出圳下村民勤劳质朴的人文风情。

抢打轿 东河戏

赣州市 赣县区 白鹭村

江西省国家级历史文化名村
江西省省级历史文化名村
中国传统村落

  鹭溪河畔，群山巍峨，绿树环抱，一条清溪，一片碧瓦，一排古树，宛如一幅悠然的田园山水画。画中那古朴的小巷，那长满青苔的小道，古老而不失神韵的房屋，这一切都仿佛与世隔绝，剩下的只有那份恬淡和宁静。

  白鹭村坐落于江西省赣县的最北端，毗邻兴国县和万安县，为典型的客家单姓村，村中98%以上村民都姓钟。白鹭村于南宋绍兴六年（1136）由钟氏先祖钟舆建村，至今已有880年的历史。白鹭村的先人们利用鹭溪河直通赣江的水路便利，经营竹木生意，富甲一方，他们买田购山，尊理学，重教育。仅明清两朝，白鹭村共产生了秀才568人，文武举人17人，知州知县6人，知府2人。白鹭村村民在长期的生产生活实践中，逐渐形成了以"抢打轿""迎彩灯""东河戏"等为代表的特色民俗。

  说到"抢打轿"，真可谓是"惊心动魄"。每年正月初七日晚上，白鹭村先是举行隆重的"迎彩灯"活动。"迎彩灯"结束之后，"抢打轿"活动便在民众的欢呼声中开始了。只见一群小伙子来到祖堂"世昌堂"，他们上身赤膊，下着短裤，个个年轻力壮、精神焕发，手上抬着一个"井"字形的粗大木架，即当地人所称的"打轿"。在点燃香烛供奉祖先之后，鞭炮与鼓乐齐鸣，此时，小伙子们高高地举起"打轿"，雷鸣般地怒吼三声："发！发！发！"同时，将"打轿"奋力击地三下，接着，开始了气势磅礴的对"打轿"的争夺战，数十人使出蛮力拼命争夺，数百人围观加

村民"抢打轿"场景

油,现场高潮迭起,喊声震天,最终,抢夺到"打轿"的胜利者们将"打轿"高高举起,向在场人们致意。此时,群情鼎沸,胜者、败者以及广大观众都沉浸在一片欢乐气氛之中。

"抢打轿"的活动在白鹭村有着悠久的历史,但具体起源时间已无从考证。"抢打轿"活动兴起的原因,主要流传着两种说法。村民们比较公认的说法是,白鹭村的后龙山按照风水说是"五虎下山形",白鹭人民通过春节期间的"抢打轿"活动,以唤醒后龙,疏通龙脉,保佑合村民众在新的一年万事大吉、风调雨顺。但也存在着另一种说法,"抢打轿"活动的目的是敲山震虎,因为"五虎下山形"煞气太重,需在新年伊始刹刹虎威,使得新年诸事更加顺利。

白鹭村还是有着"花灯之乡"美誉的客家古村。"迎彩灯"是白鹭村钟氏家族中的一大盛事。每年农历正月初七傍晚,白鹭村家家户户、"世昌堂"以及各分祠堂都要把彩纸扎的各式灯笼点燃,把"彩纸轿""彩纸船"里的"锣鼓亭子"敲响,组成一条浩浩荡荡的灯河,从村中主庙"福神庙"出发,伴着喧天鼓乐、震地炮声,先拜祖祠"世昌堂"的祖先,然后绕村一周巡行五公里,再返回庙里解散。白鹭村迎彩灯活动有很多讲究,程序颇为复杂。据悉,"迎彩灯"作为白鹭人的传统,已有几百年的历史,这是白鹭人祈福的一种形式。

"东河戏"是白鹭村另一项极具特色的民俗。在赣州东河片地区高腔的基础上,逐步融合了昆曲、宜黄调、桂剧、安庆剧等,发展成拥有高、昆、弹三大声腔较为完整的戏曲剧种。因其形成于赣州东面贡水流域的白鹭、田村一带,又称"东河戏"。

"迎彩灯"活动场景

早在明朝,东河流域赣县与兴国交界的白鹭、田村等地流行一种以高腔曲牌清唱故事的坐堂班,这种坐堂班围桌而坐,和琴而唱,形式简单而灵活,每逢吉庆节日,酬神还愿时,坐堂班的演唱很受欢迎,这种坐堂班被认为是东河戏的胚胎,并于万历年间搬上舞台。

东河戏的兴起与繁盛与白鹭人有着密切的关系。清朝嘉庆道光年间,在外地任高官的钟崇俨因母亲年迈,辞职从浙江回到家乡白鹭村,并将自己喜爱的昆戏班子带回家乡。钟崇俨善唱昆剧,其兄钟崇倌善作昆词。钟崇俨在昆戏班子中所娶之妾平氏则能唱善演,并教之于家人,包括丫鬟仆人。这样,在钟崇俨的影响下,整个白鹭村都掀起演唱和欣赏昆剧的热潮。白鹭村的许多人能唱昆曲,以至于旧时白鹭村流行有"不会唱昆曲,不算白鹭人"的口头禅。而此时白鹭的昆剧已逐渐与当地的高腔东河戏职业戏班"玉合班""凝秀班"交流互补,相互包容,大大丰富了东河戏,促进了东河戏的发展。东河戏舞台语音以中州韵为基础,杂以客家官话,本剧种人称为赣州官话。其声平仄略与普通话相反。它非常具有地方特色,具有深厚的群众基础,受到人们的热烈欢迎。

清朝是东河戏发展的高峰时期,当时仅河东片就有职业班数十个,演出剧目千种左右,流行区域发展到赣南各县和吉安地区,以及闽西、粤北与梅县、潮州和湘西部分区域。成为影响赣州东河一带的"赣州第一剧种"。

第四章 岁时节庆——庄严与乐趣　149

"东河戏"表演

第二次国内革命战争时期,东河戏团还改编了不少东河剧现代革命剧目,如《活捉张辉瓒》《送郎当红军》等,演员们在舞台上塑造了毛泽东、朱德、彭德怀等革命伟人的形象,扩大了红军的影响。中华人民共和国成立后,赣州东河剧团排演的《尉迟恭》一剧,曾赴北京中南海怀仁堂,向党和国家领导人做汇报演出。

时光荏苒,白鹭古村已悄然走过近九百个年头,具有浓郁地方特色的节庆习俗,也历经岁月的洗礼而传承下来。每逢佳节,"抢打轿"时那雷霆般的呼喊声、"迎彩灯"中人们的欢声笑语,"东河戏"里那娓娓的唱词,总能浮现在白鹭村游子的头脑当中,撩拨着他们心底的那根乡思之弦,梦里梦外,满满的都是那美丽的乡愁。

村民在听东河戏

附 录

江西省级援建村史馆名单
（截至 2018 年 1 月）

地 区	第一批	第二批	第三批	第四批
南昌市	南昌县冈上镇熊家村 新建区大塘坪乡汪山村 安义县石鼻镇罗田村	南昌县三江镇前后万村 进贤县架桥镇陈家村	青云谱区朱桥梅村 安义县梓源民国村 进贤县文港镇周坊村 进贤县温圳镇杨溪李家村	东湖区扬子洲镇碧流前洲村 新建区木莲村 南昌县蒋巷镇水灌桥村
九江市		修水县山口镇老街村 都昌县苏山乡鹤舍村	修水县黄坳乡朱砂村 庐山市白鹿镇玉京村	永修县梅棠镇新庄村 德安县车桥镇义门村 武宁县罗坪镇长水村
景德镇市	浮梁县江村乡严台村 浮梁县瑶里镇	浮梁县勒功乡沧溪村 乐平市涌山镇涌山村 浮梁县西湖乡磻溪村	浮梁县礼芳村 浮梁县英溪村	浮梁县湘湖镇进坑村 乐平市洪岩镇小坑村 乐平市镇桥镇百乐村
萍乡市		安源区安源镇张家湾村	莲花县路口镇湖塘村 湘东区麻山镇麻山村	莲花县坊楼镇沿背村 芦溪县芦溪镇东阳村 湘东区下埠镇南竹坡自然村
新余市		分宜县分宜镇介桥村	分宜县钤山镇防里村	渝水区良山镇下保村 仙女湖区白梅村
鹰潭市	龙虎山风景区上清镇	贵溪市耳口乡曾家村	贵溪市塘湾镇	余江县锦江镇范家村
赣州市	龙南县关西镇关西村 赣县区白鹭乡白鹭村 寻乌县吉潭镇圳下村	寻乌县澄江镇周田村 瑞金市九堡镇密溪村 赣县区湖江乡夏府村	赣县区大埠乡大坑村 龙南县里仁镇新园村	寻乌县南龙村 大余县新城镇周屋村 信丰县大阿镇东风村
宜春市	宜丰县天宝乡天宝村 高安市新街镇贾家村	丰城市张巷镇白马寨村 丰城市筱塘乡厚板塘村 樟树市临江镇姜璜陈村	上高县翰堂镇翰堂村	上高县田北村 明月山温泉风景名胜区九联坊村 高安市艮山村
上饶市	婺源县江湾镇汪口村 婺源县沱川乡理坑村 婺源县浙源乡虹关村 横峰县葛源镇	婺源县思口镇延村 婺源县思口镇思溪村 婺源县思口镇西冲村 婺源县浙源乡凤山村 铅山县石塘镇 德兴市海口镇	铅山县河口镇 婺源县江湾镇江湾村 婺源县江湾镇晓起村 婺源县秋口镇李坑村 婺源县镇头镇游山村	上饶市皂头镇三联村 余干县乌泥镇乌泥村 鄱阳县高家岭镇站前村
吉安市	吉州区兴桥镇钓源村 吉水县金滩镇燕坊村 青原区富田镇陂下村	泰和县马市镇蜀江村 永新县石桥镇樟枧村 吉安市永和镇 安福县金田乡柘溪村 峡江县水边镇湖洲村 吉水县白沙镇桥上村	青原区富田镇奁田村 吉水县金滩镇仁和店村 吉安县敦厚镇圳头村 泰和县螺溪镇爵誉村 青原区东固镇傲上村	新干县金川镇华城门习家村 峡江县金坪民族乡新民村 吉水县文峰镇葛山村
抚州市	金溪县双塘镇竹桥村 乐安县牛田镇流坑村	金溪县浒湾镇 东乡区黎圩镇浯溪村	金溪县琉璃乡东源自然村 黎川县华山镇洲湖村 金溪县合市镇全坊村 东乡区岗上积镇水南村 南城县新丰街镇汾水村	东乡区周家村 南丰县沿湾镇石耳岗村 临川区嵩湖乡下聂村

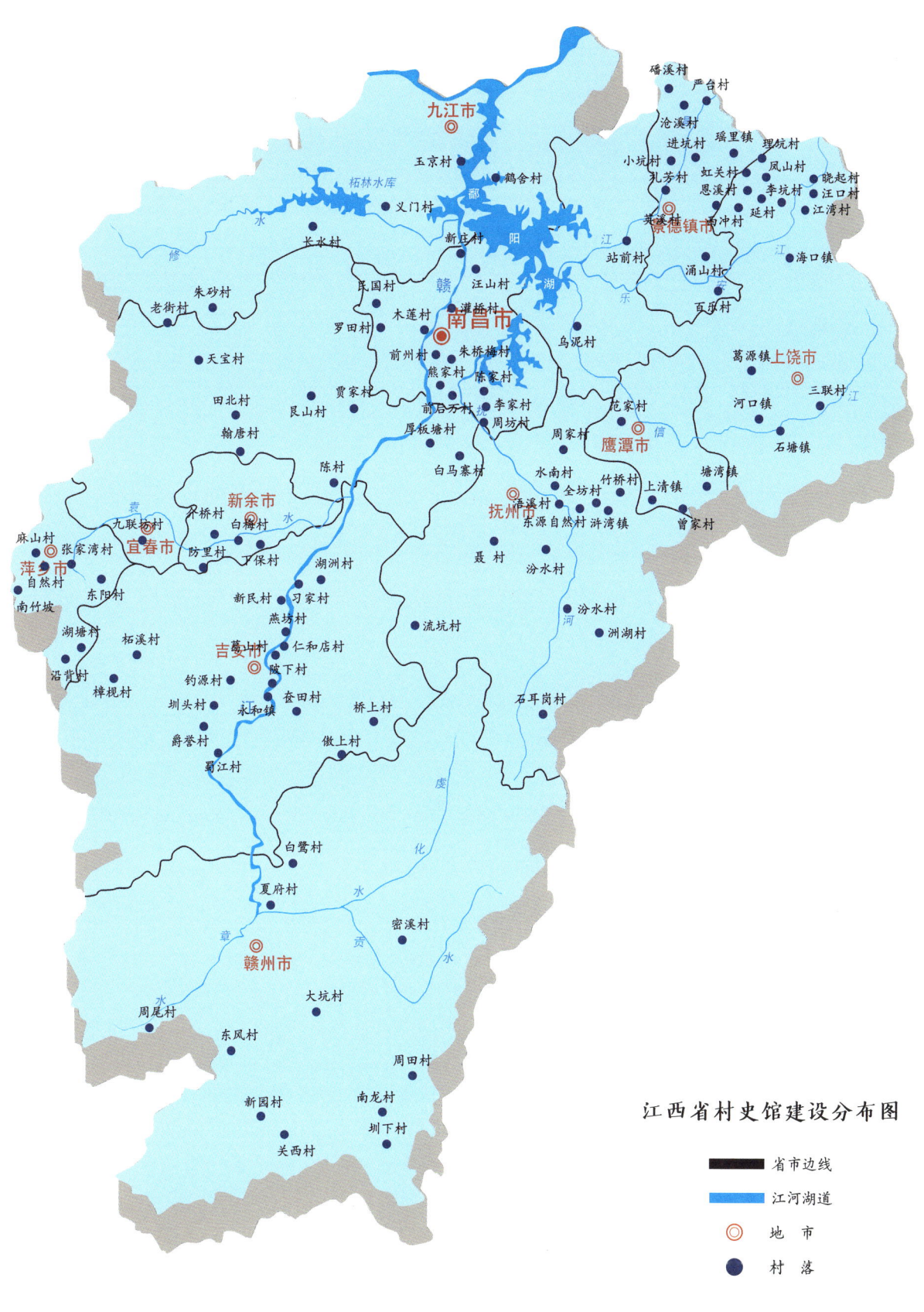

图书在版编目（CIP）数据

乡风民俗：美丽乡愁：江西历史名村文化档案 / 姚亚平主编；游欢孙编撰. -- 南昌：江西美术出版社,2018.3
　ISBN 978-7-5480-5536-5

Ⅰ.①乡… Ⅱ.①姚… ②游… Ⅲ.①乡村—风俗习惯—介绍—江西 Ⅳ.①K892.456.5

中国版本图书馆CIP数据核字（2018）第011783号

出　品　人：周建森
责任编辑：方　姝　姚屹雯
责任印制：吴文龙　汪剑菁
封面设计：梅家强
版式设计：梅家强　林思同　先锋设计

乡风民俗
XIANGFENG MINSU

美丽乡愁——江西历史名村文化档案

| 主　　编：姚亚平
| 执行主编：张天清
| 编　　撰：游欢孙
| 出　　版：江西美术出版社
| 社　　址：南昌市子安路66号
| 邮　　编：330025
| 电　　话：0791-86566309
| 发　　行：全国新华书店
| 印　　刷：浙江海虹彩色印务有限公司
| 版　　次：2018年3月第1版
| 印　　次：2018年3月第1次印刷
| 开　　本：787mm×1092mm　1/16
| 字　　数：252千字
| 印　　张：10
| 书　　号：ISBN 978-7-5480-5536-5
| 定　　价：78.00元

本书由江西美术出版社出版。未经出版者书面许可，不得以任何方式抄袭、复制或节录本书的任何部分。
本书法律顾问：江西豫章律师事务所　晏辉律师
版权所有，侵权必究
有印刷、装订质量问题，请与承印厂联系，电话：0571-85095376